Desenvolva sua identidade ministerial

Ricardo M. Corrêa

Desenvolva sua identidade ministerial

Não seja um clone, mas o adorador
que Deus espera!

Ágape
AMOR INCONDICIONAL

São Paulo, 2014

Coordenação editorial Silvia Segóvia
Diagramação Claudio Tito Braghini Junior
Capa Guilherme Xavier
Preparação Patricia Murari
Revisão Hideide Torres

Texto de acordo com as normas do Novo Acordo Ortográfico da Língua Portuguesa (Decreto Legislativo nº 54, de 1995)

Dados Internacionais de Catalogação na Publicação (CIP)
(Câmara Brasileira do Livro, SP, Brasil)

Corrêa, Ricardo Marcos
Desenvolva sua identidade ministerial : não seja um clone, mas o adorador que Deus espera! / Ricardo Marcos Corrêa. -- 1. ed. -- São Paulo : Ágape, 2014.

1. Espiritualidade 2. Identidade 3. Igreja Católica - Clero - Ministério 4. Palavra de Deus 5. Teologia pastoral I. Título.

14-06828 CDD-253

Índices para catálogo sistemático:

1. Identidade e espiritualidade: Ministério pastoral: Cristianismo 253

2014
IMPRESSO NO BRASIL
PRINTED IN BRAZIL
DIREITOS CEDIDOS PARA ESTA EDIÇÃO À
EDITORA ÁGAPE
CEA – CENTRO EMPRESARIAL ARAGUAIA II
Alameda Araguaia, 2190 - 11º andar
Bloco A – Conjunto 1112
CEP 06455-000 - Alphaville Industrial - SP
Tel. (11) 3677-7107 – Fax (11) 3699-7323
www.agape.com.br

Sumário

Agradecimento

Já faz algum tempo que dei meus primeiros passos a serviço na casa de Deus na área da adoração. Este serviço foi a Deus e às pessoas, ministrando louvor e adoração e também ensinando e sendo ensinado. Particularmente, fui muito influenciado e isso aconteceu exatamente nos primeiros passos da minha vida cristã. Realmente, estes primeiros momentos foram decisivos para que eu fosse despertado para o que faço até hoje.

E este agradecimento é exatamente para estas muitas pessoas que me educaram, motivaram e me ajudaram a desenvolver minha identidade. Eu fui discipulado desde os meus trezes anos no ministério de louvor. Devo dizer que não foi somente os bons exemplos que me ensinaram. As pessoas que deram mau exemplo também contribuíram para o meu aprendizado. A elas, não seria bem um agradecimento, mas um testemunho; 'Vale a pena levar a Arca pelas argolinhas ao modo de Deus e com todos os detalhes que Ele preconiza'. Não preciso contar aqui onde está isto na Bíblia.

Agradeço também aos muitos músicos que tiveram contato comigo e que fizeram valer os discipulados que eu dei a eles, pois o resultado também é um testemunho extremamente positivo. A vida deles foi essencial para que eu também aprendesse, eu mais aprendi do que ensinei e por isso eu tenho esta palavra de gratidão. Sou muito grato a todos vocês que permitiram serem discipulados por este conceito da identidade ministerial. Desta forma eu pude me sentir seguro em escrever este livro para atingir outros músicos e ministros que precisam saber que eles possuem uma identidade e é preciso desenvolvê-la.

Preciso agradecer aos amigos próximos que sempre estão por perto e de várias formas ajudam a preservar a nossa identidade ministerial. Não podemos fazer nada sozinhos e estas pessoas são nossa alegria, socorro, companheirismo. São cúmplices, são conselheiros, enfim, estes companheiros de ministérios sempre estão ali com a mão estendida, presentes, procurando compreender tudo o que fazemos e nos ajudando a promover, eles ajudam sendo apenas amigos.

O ambiente familiar é de fato a minha mais forte coluna, esposa e filhos. Estes me fazem ser perseverante diante de tantas coisas que procuram desanimar. O amor deles é como uma usina que produz energia abundante. Não importa o consumo, ela nunca falha. Muitíssimo obrigado por vocês me ajudarem tanto, não há como retribuir porque eu sou apenas um amando vocês, e vocês são três pessoas me amando tão maravilhosamente.

Ricardo Marcos Corrêa

Dedicatória

Dedico aos líderes que desejam desenvolver a identidade ministerial, aos músicos e ministros que estão com sede de algo sadio e gratificante que fará seus ministérios mais abençoados. Aos pastores que almejam agradar o coração de Deus promovendo o despertamento espiritual de sua congregação local.

Às pessoas que estão à deriva neste oceano de instituições que às vezes ajudam e às vezes atrapalham o desenvolvimento dos dons e talentos das pessoas que querem expandir o Reino de Deus. Os destinos destas pessoas dependem delas mesmas. A forma que encontrei para estimulá-las é, além de escrever sobre identidade ministerial, também oficializar que estas linhas são para elas.

Prefácio

A Palavra de Deus nos ensina que fomos chamados para um propósito, que deve ser executado conforme todas as nossas forças, porque na sepultura para onde nós vamos, não há obras, nem projetos, nem conhecimento, nem sabedoria alguma (Eclesiastes 9:10).

E com base neste texto posso afirmar, que Ministério e Chamado são coisas muito sérias (até mais que a própria vida!).

E ao ler este livro você terá a oportunidade de alavancar sua atuação, passando de um ministério indefinido ou medíocre a um ministério padrão e com identidade. E isso também aprendi com o Pr. Ricardo, fazer o que é necessário para responder ao chamado de Deus de expandir o Seu Reino por meio de um ministério cuja visão pode ser vista até por quem passa correndo (Habacuque 2:2).

Outra lição que aprendi com ele, é 'ser aquilo o que Deus quer que eu seja' – uma referência naquilo que sou e faço para Deus. Isso é visão, pois Deus não fez você para ser igual alguém, Ele o criou para ser aquele que ajuda ou escreve a visão em tábuas (Habacuque 2:2).

Certa vez num Seminário de Louvor e Adoração que participei em 2005 com grandes preletores como: Pr. Ademar de Campos, Ministério Vineyard, João Alexandre, Justo Almario, Alex Acuña, entre outros nomes do mundo Gospel, tive a confirmação de que não preciso copiar ninguém para ter identidade no ministério.

Nesses quase quinze anos de caminhada ministerial ao lado do Pr. Ricardo aprendendo sobre as coisas relacionadas com a vida e com o Reino, fui conduzido a sair do amadorismo. Tendo como lema o Salmo 33:3, tenho certeza de que este livro fará com que seu ministério e chamado deixem de ser *cover*, para ser um ministério com o padrão e a identidade de Deus, pronto para ser usado quando Ele bem quiser.

Portanto desfrute dessa ferramenta que Deus lhe proporcionou e entregue ao Criador o seu perfeito louvor.

PR. MICHEL PITTER

Apresentação

A maioria dos que se acotovelam em sites, páginas de revista, TV e estações do rádio, em primeiro plano para buscar o seu lugar ao sol, são clones de alguém. Nada contra copiar o que se gosta ou aquilo com o que se identifica, mas você não pode ficar esperando o CD de fulano chegar à loja para só então, e a partir daí, começar uma nova experiência com Deus.

Você não pode ficar dependendo disso. Deus não tem isso para a sua vida espiritual. Ele planejou outra vida para você. O Senhor separou uma história diferente dessa. E você somente ficará nessa miséria espiritual se quiser.

Em que lugar foram parar as palavras que lhe foram reveladas por Deus acerca do plano que ele tem para sua vida? Um grande plano é ficar dependendo da novidade para aquecer o seu coração? Ficar esperando que alguém tenha um *rhema* para que você possa desfrutar do que restou?

Nossa religião tem se resumido a isso. Este é o ponto. O ministério se restringe em saber o que outro teve de revelação ou experiência com Deus para viver a revelação e experiência dele. Isso não é relacionamento com Deus. A verdadeira face de Deus não pode ser revelada no nível pessoal para alguém que se comporte assim. O que provavelmente essas pessoas experimentam é uma fração do que realmente podem vir a ter de Deus. Mas não têm por causa da distância da fonte.

Deus quer que você dependa do Espírito Santo para crescer. O ministro que tem identidade não depende da onda do momento. Ele é conectado com o coração de Deus e recebe dEle toda a visão designada para sua vida.

Muito diferente do que um ministro com identidade, que aceitaria apenas ser parte do corpo, um clone não aceitaria jamais ser o rim, por exemplo, porque o rim é um órgão que fica escondido. Atuar como um membro sem evidência é impensável, inconcebível, inaceitável, inconveniente e impróprio. Para ele seria um desperdício de talento trabalhando debaixo da pele. A única referência que ele deseja ser é aquela que está em evidência.

Após a luz denunciar todas as trevas e caracterizar o perfil do "Clone e sua Rivalidade" desenvolveremos um plano para estabelecer o perfil de um "Ministro com Identidade" com princípios bíblicos. Adicionaremos ao nosso discipulado aplicações baseadas nesses princípios contidos na palavra de Deus.

Para descobrir mais, mergulhe neste livro. Faça anotações e observações sobre o que há em relação a sua vida e compartilhe com outros irmãos. Esta leitura será vibrante, eu tenho certeza.

RICARDO MARCOS CORRÊA

1

O deserto dos clones e o manancial dos ministros

É só você acessar os sites de música para ver os adoradores se acotovelando entre capas, preços e inovações. Não é exagero dizer que muitos grupos, cantores ou pregadores querem aparecer na mídia. Até eu desejo isso! Eu não sei qual é o critério que Deus usa para escolher quem vai se destacar ou não, mas uma coisa é extravagantemente bizarra. Muitos desses grupos, cantores e pregadores não possuem talento ou algo novo para mostrar.

Se você perguntar para os músicos e grupos o que faz com que eles lutem por um espaço ao sol, cada um tem uma história, contudo, a maioria afirma ter uma palavra de Deus para dar ao mundo. Eu mesmo, contei com o fato de conhecer dezenas deles e usei a minha observação para colher material a fim de escrever este livro.

Numa análise rápida, todos estão corretos em suas afirmações. Eles dizem que Deus revelou algo pessoal e sua missão era propagar esta palavra. As palavras são bíblicas. Pelo menos superficialmente não encontrei disparate nas mensagens que estes portadores desejam transmitir. Porém a motivação de muitos tem caráter duvidoso.

Alguns são artistas no sentido ruim da palavra. Muitos desses artistas desejam apenas aparecer e ser admirados. A mensagem deles está em segundo ou terceiro plano. E é neste cenário que se descortina a semelhança de todos. Eles querem ser ouvidos.

Uns querem ser ouvidos para ganhar dinheiro. Outros querem ser ouvidos porque realmente possuem uma mensagem direta de Deus. Uma parte almeja sucesso, apenas como um sonho a realizar.

Erroneamente pensam que a mensagem de Filipenses 1.18 que diz: *"Mas que importa? Contanto que Cristo seja anunciado de toda a maneira, ou com fingimento, ou em verdade"* está acima da lealdade com Deus. O evangelho deve ser pregado em qualquer circunstância e em qualquer tempo. Por qualquer um? Não! Qualquer um não pode pregar o evangelho, embora as lições de juízo que recaem sobre indivíduos desobedientes sirvam, de certa forma, como um testemunho do Evangelho.

Você deve conhecer pessoas que estão com a vida torta e pregam o evangelho. Infelizmente isso tem muito por aí. Mas não é assim que está claramente exposto na Palavra. Muitas pessoas se baseiam neste texto para não se opor a um falso profeta ou mau testemunho. Deus deixa todas as informações de quem deve pregar e como deve pregar.

Uma das condições para pregar o evangelho não é conhecer o evangelho e, sim, vivê-lo. Viver o evangelho não significa viver dele. Contudo, a Bíblia nos orienta a sustentar pessoas íntegras que se ocupam integramente dessa atividade.

A Bíblia nos mostra que não foi uma comunidade rica que difundiu o evangelho no livro de Atos. O grupo que espalhou as sementes das boas novas foram pessoas sem recurso, sem estratégia e sem muito estudo. Era uma mistura de classes, de raças e de condição econômica.

Não significa que essa deva ser a única forma de propagar a mensagem da salvação. A Bíblia não fala de uma forma ou modo. A Bíblia fala da missão. Pregar, ensinar, discipular, batizar com sinais de cura e libertação.

É com essa informação que extraímos o "Ide". Imagine se aquele que vai pregar pensa que não precisará ter compromisso com o que vai ser pregado. E se aquele que vai ensinar está alheio ao conteúdo do ensino. E se aquele que vai mostrar o modelo não é um padrão de discípulo.

Seguindo esse raciocínio vemos que Paulo se refere a outro pensamento sobre o assunto. E certamente ele não considera sem importância quem leva a mensagem.

Uma pessoa, para reconhecer que Jesus é o Senhor, não precisa ser convertida. Satanás vai dizer "Jesus é o Senhor" antes de ser jogado no esquecimento para sempre. E nem por isso é chamado de pregador do evangelho. A Bíblia diz que o firmamento anuncia a glória de Deus (Salmo 19.1). Isso não é pregar o evangelho.

Pregar o evangelho é anunciar, ensinar, discipular e batizar. Um ciclo completo. Este ciclo é o que a igreja faz e não um indivíduo apenas. Uma pessoa pode pregar e outra ensinar e outra ainda batizar.

É nesse pensamento que muitos desses artistas se enganam e também enganam a outras pessoas. Os líderes desta geração aceitam gente desse tipo cantando e pregando por aí só porque elas agitam o culto.

O que mais me deixa espantado é a geração do "sapatinho de fogo". Eu não tenho nada contra o sapatinho de fogo, com a bota, chinelo, pé, sandália de fogo. Eu até gosto de ver o amor a Cristo nesse movimento. Eu desqualifico a onda do movimento. Como o som de uma sanfona hipnotiza as massas e o grito característico, 'oh glórias', parece substituir a razão espiritual daquilo que é bíblico.

Neste caminho encontramos milhares de clones sem nenhuma diferença. Você até pode dizer o que Moisés pensou: "quem dera que todos profetizassem!", mas com o toque de discernimento em tudo o que vai fazer e em tudo o que vai receber. Moisés não desejou que todos falassem da mesma maneira que ele ou que se igualassem a ele na barba, cajado e jeito de falar.

É legal quando vemos um *cover* do Elvis Presley, eu acho interessante como a pessoa estuda a roupa, a dança os 'melismas' vocais e se apresenta com dedicação. Mas isso não é para o reino de Deus. Daqui a uns dias vai ter *cover* do Djanires, Jairinho, Ron Kenoly, Ana Paula Valadão, Jota Neto e outros.

Bem que já vemos os covers sem unção ministrando nas igrejas deste Brasil. É sem graça e sem a Graça que renova, que dá sentido e identidade. Nada mais deprimente do que ouvir um ministro repetir todo o repertório de gemidos de um CD em sua ministração dominical. Isso é desesperador. Cadê a identidade, onde foi parar a mensagem que Deus trouxe? Deus mandou copiar? Ele não tem nada novo para entregar aos seus mensageiros?

O Espírito Santo é criativo e é um professor. Quando a Bíblia diz que não é necessário que ninguém nos ensine, mas que a unção que está em nós se ocupará disso é porque assim se fará (1 João 2.27). Correr para imitar ou para ocupar um lugar na onda do momento é uma das mais terríveis degradações ministeriais que se pode chegar. E nada de Espírito Santo há nisso.

Eu vou chamar de "lugar ao sol" a posição de destaque e popularidade de um cantor, banda ou pregador.

Todos desejam um lugar ao sol, mas nem todos chegaram ou ainda chegarão a ele. Não há como saber quem Deus permitirá que seja um ícone ou apenas fique dentro da sua comunidade ministrando. Uma grande parte ficará sonhando. Isso é uma verdade. Deus não tem planos para todos serem grandes e conhecidos. Como eu disse, não sei qual o critério que Deus usa para permitir que alguém seja grande e conhecido, mas uma coisa eu sei: não é trapaceando, roubando, mentindo e copiando que alguém chegará naquele lugar. Não as pessoas genuinamente de Deus.

Quantos passos errados foram dados pensando estar contribuindo para se chegar ao sucesso na carreira. Podemos, sem demagogia, afirmar que um ministério é uma carreira e que ela deve crescer e deixar um legado. Você sabe o que é um legado?

Simplificando, um legado é uma história, uma herança para que as pessoas que virão depois de você possam se lembrar pelos feitos que deixou e assim possam desfrutar ou se beneficiar das suas obras realizadas.

Um pastor que construiu uma igreja deixa este legado para aqueles que continuam sua obra.

Um ministério é uma carreira. E quantas vezes o apóstolo Paulo falou desta carreira, do prêmio e da vocação? Para ele não havia nada mais precioso do que cumprir com louvor o que Deus deixou para ele fazer (Atos 20.24). Aqui todos os ministros vocacionados se veem. Todos aqueles que são zelosos e incansáveis desejam cumprir com total cuidado e êxito suas carreiras ministeriais.

Só que neste bolo, há muitas exceções. Alguns ministros têm condições de contribuir muito além do que alguns que se fazem presentes na mídia. Estes poucos e desconhecidos ministros de fato mereciam estar em evidência, pois possuem conteúdo espiritual frente a tantos outros indivíduos vazios e repetitivos que conhecemos.

A mídia não é justa, ela precisa de dinheiro para se sustentar em suas órbitas. Ela muitas vezes investe na moda, no que vende e no que o povo compra. Não é porque ela não sabe o que é bom. Mas o bom não faz caixa. Os ministros, grupos e bandas disputam esse lugar. Perdem o foco da mensagem e focam a moda. A moda passa.

A sua mensagem é uma moda? Aquilo que você tem para compartilhar é o que está na onda do momento? Você faz música por causa da onda? É possível que você seja muito grande e conhecido. Mas duvido que seja mais do que o que você fez. Uma onda ou uma moda não é muita coisa, a não ser no período que existiu. Isso não é um legado, mas se isso é o bastante para você, quão baixos são o seu padrão e a sua missão. Alguém totalmente desconhecido agradaria mais a Deus do que toda a sua carreira e discos vendidos.

Homens e mulheres de alto padrão são aqueles que influenciam com uma mensagem autêntica e inovadora. O apóstolo Paulo tinha essa marca. O pioneirismo era o selo que antecedia todos os outros apóstolos. Pedro foi sem igual, mas limitado. João marcou com a revelação que teve em Patmos, mas Paulo rompeu fronteiras.

Você deseja romper fronteiras? Não seja um clone. Não permita ser uma cópia. Não seja um *cover*.

A fonte não é o cantor, o grupo ou pregador. Para ter mais de Deus não são necessárias essas muletas. É do interesse de cantores e ministros que você fique dependente de sua falsa espiritualidade. E o ser humano tem essa dependência emocional de ser tocado por algo ou alguém de mais sucesso do que ele. Com essa aproximação o pequeno ministro fica dependente por achar que é inferior, menos digno e menos merecedor do que o grande ministro.

A igreja precisa ser ensinada à interdependência e não à dependência. Quando alguém depende, vem um espertinho e faz os outros reféns de seus dons e habilidades.

Você pode perguntar o por quê Deus não faz nada em relação a destronar esses reizinhos? Deus já fez! Está tudo escrito. Por isso, se o povo conhecer a Deus não precisará de senhores e reis para dar segurança, nome, missão e uma razão de existir.

O segredo é a fonte e nada mais. Jesus fez isso. Jesus não somente desejou, mas fez. Quebrou a parede da separação. Ainda vemos pessoas querendo ser mediadoras entre Deus e o ser humano, mas não há. Se você quer um modelo, Deus mostra um ministro humilde, com conteúdo e sem moda. Um modelo constante e que leva toda a glória até Deus.

Este ministro, grupo, cantora ou outro deixará claro ao transmitir a sua mensagem de que não tem a intenção de deixar você dependente do seu produto, ou seja, da sua imagem ou o que ele vende. Você é de Deus e ele sabe disso e o trata como sendo de Deus e não dele.

A complexidade desta relação é perigosa. O ministro pode negar e lutar contra o sentimento de que ser admirado seja o foco principal do seu ministério. Mas um dia ele poderá deixar de recusar isso e ceder a esse pensamento achando que é uma prática normal da classe a que ele pertence.

Eu mesmo quando faço algo espero que o meu trabalho seja admirado. Mas este não é o meu foco. Da mesma forma não deve ser o seu foco, a sua missão ou seu principal desejo.

Crescer e amadurecer:

- Numa primeira análise, você acredita que está realizando a vontade de Deus na sua vida, e como você está fazendo isso no seu ministério pessoal?
- Você se avalia um ministro com identidade ou um clone?
- Quais atitudes você tem que justificam a resposta anterior?
- Quais são as suas influências e como você aplica isso na sua carreira ministerial?
- Como você avalia a sua ministração? Imita alguém? O quanto há de você em suas ministrações?
- Até hoje você acha que já deixou algum legado ou já fez discípulos no seu ministério?
- Que tipo de contribuição você pode dar para o reino de Deus?
- Você segue a onda do momento ou procura estabelecer um relacionamento renovado com Deus no seu ministério pessoal?

Transformar e influenciar

Durante a leitura e meditação o Espírito Santo lhe mostrou se há:

- algum pecado para confessar e abandonar?
- alguma promessa de que poderia tomar posse?
- alguma estratégia para adotar?
- alguma bênção que possa desfrutar?
- algum conceito que é preciso reavaliar?
- alguma falha a partir da qual se possa tirar lições?
- alguma vitória que deva alcançar?
- algum novo pensamento sobre o ministério que tem desenvolvido?
- alguma descoberta espiritual sobre Deus, o Senhor Jesus, o Espírito Santo, Satanás, o homem?
- alguma verdade que tenha tido grande influência sobre você?
- alguém a quem tenha que pedir ou liberar perdão?
- alguma nova postura de ministro com identidade?
- alguma atitude de Clone que deva deixar?

2

O primeiro biquíni e a primeira sunga

Uma das ligações nervosas que ainda temos com o corpo de Adão é o músculo do esconder, como diz Charles R. Swindoll em seu livro sobre Moisés. Somos muito dedicados em nossa missão e, quando erramos, a primeira ideia é esconder o erro. Os pensamentos se empilham em nossa mente e vamos retirando um a um. Mas vamos ser sinceros, o primeiro da pilha é esconder o erro.

Na medida em que vamos esfriando a cabeça e refletindo sobre como esconder, percebemos que não conhecemos ninguém que foi bem-sucedido em esconder o erro. Eu sempre digo para meus filhos que o crime não compensa e nada fica escondido.

A Bíblia fala que nenhuma obra ficará oculta; quer seja boa ou má, ela virá à luz. Quando estamos na batalha, quer seja dos clones ou da identidade, podemos esquecer a forma com que estamos vestidos. Por causa do foco em conseguir um espaço ao sol deixamos para trás as coisas mal resolvidas. E são tantas que desistimos de lembrá-las.

O apóstolo Paulo disse que devemos avançar para frente, para o futuro e esquecer as coisas que para trás ficaram. Realmente é uma ideia maravilhosa! Esqueça o passado! Deixe os mortos enterrar os seus mortos. Não foi o que Jesus também disse? Então o que você está esperando?

Talvez venha um leve sentimento de que alguma coisa não está resolvida. Algo não foi confessado? Alguma coisa não foi perdoada? Existe uma face que você não quer enfrentar, há alguém de cuja presença você deseja fugir? Tem um olhar que você não quer cruzar?

As coisas do passado podem alcançar e prejudicar todo o seu futuro. E esta é uma forma em que satanás deixará seu ministério amarrado ao toco do passado. Aquele fantasma sempre estará à espreita. Você poderá se sentir acusado quando estiver ministrando e lembrar que Deus está ali e você está vestido só de sunga. Ou se você for uma ministra está com um biquíni horrível que você mesma fez.

Gênesis conta que quando Adão e Eva erraram, erraram *feio*. Não existe erro bonito, mas essa é uma expressão popular que usamos para expressar a intensidade da ideia. O primeiro pensamento de Adão foi se esconder.

Não veio outra ideia. O que ele poderia fazer? Ele não tinha muitos de nossos recursos que desenvolvemos com nossa evolução humana e carnal.

Hoje, quando erramos, traçamos um plano para esconder. Temos muitos recursos oferecidos pelo diabo. A sugestão no manual do pecador sem arrependimento é agir com normalidade. Como assim? Veja como eu imagino que seja este manual.

Primeiro: Agir o mais normal possível, como se nada tivesse acontecido. Dessa forma precisamos agora pensar em nossas ações.

Segundo: Fingir unção, interpretar atitudes de alguém que está ainda em santidade. Usar as palavras piedosas e clichês ministeriais.

Terceiro: Não deixar transparecer que algo está errado. Quando for conversar com as pessoas olhar nos olhos, falar firme. Cuidado com os gestos, com a posição das mãos. Planejar os movimentos, nada de cara de espanto.

O manual ainda continua: Quando alguém falar sobre o pecado que você cometeu não pense que foi descoberto. Vá até o fim! Fique firme! Para despistar comente sua indignação sobre o assunto. Isso parece muito convincente. Seja o mais natural em seus comentários, mas não demonstre tristeza. Cuidado com o famoso "ato falho". Que é nada mais que falar demais e acabar dando pistas de que algo está errado.

O manual do diabo termina: Por fim continue fazendo o que estava fazendo. Se você estava ministrando continue a fazê-lo. Não falte às reuniões com medo de ser descoberto. Mantenha o ritmo! Não desista! Não se dê por vencido, continue escondendo!

A maioria de nós já passou por isso. Quando crianças sempre que nos metíamos em encrencas lançávamos mão desses recursos, não é mesmo? Em nossa infantilidade pensávamos que o melhor negócio era esconder, negar a autoria ou apontar outra pessoa como responsável pela traquinagem. Crianças são assim. Com a educação ela vai percebendo que a pior coisa é esconder o erro.

A criança também deve aprender que não deve fazer propaganda dos seus erros, mas confessá-los a quem de direito, se aos pais se falhou com eles, ao professor, ao amigo etc.

Diferente disso fazem os ministros. Os músculos adâmicos se estendem ainda em todos nós oferecendo a sua melhor opção. Esconder!

Você pode imaginar a cena? Deus tinha o hábito de vir até o jardim para dar um passeio com seus filhos. Adão desfrutava de inigualável companhia. Dar um passeio com Deus. Isso é que eu chamo de programa. Não imagino melhor recreação do que esta. Divertir-se, brincar, conversar e ser amado por Deus em um passeio diário.

Quero abrir um parêntese aqui. Quantos pais falham em realizar um programa cotidiano com seus filhos? Ocupam-se com tantas tarefas adultas que se esquecem de que muitas vezes quem está por detrás disso é o diabo. Ele rouba o tempo da comunhão enchendo a agenda dos pais com compromissos urgentes.

Na verdade só tem a aparência de urgente, contudo são apenas distrações. Esses pais se acham requisitados, importantes e que somente eles saberiam resolver os desafios do trabalho. Envolvem-se de corpo e alma com esses compromissos e o que é realmente importante fica sem assistência, deixando a educação para os amiguinhos do colégio, ou para a empregada ou para a televisão.

Mais tarde vão lamentar não terem percebido que eram apenas tarefas secundárias e que seus filhos eram a verdadeira urgência. O tempo não volta. Não se pode recuperar o bem mais precioso.

Este contato também deve ser com os nossos filhos na fé. Devemos passar tempo com eles. Passear e se envolver com seus assuntos particulares e cotidianos. Principalmente naquelas situações em que é preciso o apoio de um ministro mais maduro.

Isso é discipular. Bem diferente do que muitas igrejas chamam de discipulado. Eu penso que discipulado não é abrir a Bíblia e ficar horas intermináveis apenas lendo sem fazer a aplicação pessoal de forma prática. Não é abrir a Bíblia e ficar no blá blá blá. Discipular é fazer com que seu filho na fé tenha as mesmas atitudes que você. É claro, se você é um crente exemplar.

Deus mostra a importância de andar junto, saber todos os dias as novidades e os pensamentos. Compartilhando informações para que seu filho tenha saúde emocional, física e espiritual. Que pai maravilhoso! Todos os dias ele investia um tempo com seu filho, Adão.

Aquele tempo juntos não era para ficar estudando teologia. Deus não levava cadernos e caneta para Adão anotar os textos e fazer prova. Mas para estreitar o relacionamento a fim de torná-lo íntimo numa atmosfera de proteção, amor, cuidado, ensino e compreensão. Adão se desenvolvia a cada dia. Em cada encontro Deus trazia uma novidade para apresentar ao seu filho. Aquele encontro não era maçante e sim agradável, indescritível e muito esperado por Adão.

Mesmo com todo este cuidado Eva se sentiu atraída a outra programação. Conversar com a serpente. Não bastaram todos aqueles incríveis encontros e passeios diários com Deus. Não pense que Deus só passeava com Adão. O encontro era com ambos. Talvez Deus ficasse no meio, com Eva segurando em uma mão e Adão na outra mão enquanto passeavam pelo Jardim. Que cena, você pode imaginar?

Um belo dia! Não sei se posso chamá-lo assim. Deus veio para o passeio rotineiro, mas não monótono, com seus filhos. Deus havia marcado debaixo de uma árvore específica, já que os três conheciam bem o lugar. Mas Adão e Eva não apareceram na hora marcada para mais um indescritível programa.

Deus sabia que algo estava errado, Ele já sabia o que havia ocorrido, entretanto agiu como se não soubesse. – Adão! Adão, onde você está? – O texto bíblico conta que o Senhor procurou seus filhos. E os achou escondido no meio do mato.

Eu ainda posso imaginar ambos saindo do meio de um grande arbusto de mãos dadas. Ele com uma sunga de folhas e ela com um biquíni horrível. O resto você já sabe.

O que eles disseram para Deus? Que sentiram medo de tudo o que poderia acontecer em consequência da desobediência. Qual foi a decisão? Esconder que estavam nus. E esconderam-se de Deus.

Esconder não é uma boa ideia. É a pior coisa que você pode fazer. É melhor confessar do que qualquer outra alternativa que sua inteligência possa oferecer.

É certo quando ouvimos que somos como a lua. Temos uma face que não queremos revelar para ninguém. Isso é uma verdade. Há pessoas com as quais convivemos e que não temos a mínima ideia de como é a face oculta. Elas se escondem, nunca revelam o que está nesse lado escuro.

Isso não é incentivado pela própria cultura que vivemos. Dentro da igreja, as pessoas que abrem o coração para ser tratadas e libertas dos seus demônios particulares são rotuladas e deixadas de lado. São transformadas em notícia e assunto para ser comentado nas rodinhas e panelinhas espalhadas pela congregação.

Essa pessoa prefere esconder o que de escuro há na sua vida não permitindo que seja revelado. A maioria de nossas igrejas prefere pessoas cheirosas e que possam aumentar o rol de membros. Essas igrejas não estão preparadas para tratar de doentes. Elas estão prontas para pescar em aquário.

O momento em que vivemos hoje isso tudo fica muito agravado. Aprendemos que uma imagem vende milhões de reais. Um contrato de um jogador de futebol ligado a determinada marca pode render milhões de reais por causa da imagem. A imagem é o que precisa ser preservada. Uma imagem arranhada não serve para nada.

Deus nunca falou sobre a valorização do exterior e sim a valorização daquilo que não se pode ver. O Senhor olha diferente, ele vê o coração.

Como podemos concorrer a um lugar ao sol se queremos enfatizar o exterior, a aparência? O que aparentamos aos outros acaba sendo mais importante do que realmente somos. Talvez seja por isso que somos desestimulados a sermos sinceros e verdadeiros. O nosso interior registra esta informação de que devemos aparentar o que os outros desejam, caso contrário, seremos rejeitados. Infelizmente isso não está de todo errado.

As igrejas valorizam a imagem e se esquecem da lição mais básica: nem tudo o que reluz é ouro! Isso não é um versículo, mas um provérbio popular que nasceu do provérbio bíblico. Eu falei a igreja, entretanto a igreja é feita de pessoas. Elas querem alguém perfeito, sem falhas sendo elas imperfeitas e falhas. Todavia quem é requisitado deve aparentar perfeição, caso contrário, está cortado. Fora!

Então esconder parece ser a melhor opção. Olhando para esse quadro existe outra opção?

Veja o quanto precisamos mudar e amadurecer em relação a esta perspectiva. Errar e confessar. Não ser alguém que não é. Principalmente se estamos vestidos de sunga ou de biquíni como Adão e Eva. É necessária uma restauração. Talvez também uma reestruturação de nossa imagem para nós mesmos. A batalha dos clones é real e você deve ficar de fora dela. Desista de esconder.

Isso é um exercício para ser realizado com coragem e franqueza sem deixar escapar os mais simples erros, todos devem ser colocados à luz. Se você escolher quais devem ser considerados importantes correrá o risco de se aperfeiçoar em esconder os erros, ou seja, vai ficar muito pior do que estava.

Eu creio que você deva considerar duas colunas para pisar em terreno seguro. Pedir perdão para quem realmente está envolvido no erro. E a segunda é não divulgar o seu erro. Agindo assim você estará sendo objetivo em atrofiar o músculo do esconder. Muito focado evitará se envolver em muitos outros problemas decorrentes da falta de preparo da igreja como um todo em lidar com a complexidade da confissão em família.

O que deixa um pai feliz? Quando seu filho diz que acertou? Sim, isso deixa o pai orgulhoso e feliz. O acerto faz parte da rotina. Agora reflita comigo, será que um pai não ficaria mais feliz quando seu filho diz: "Papai eu errei, pisei na bola, tem como me ajudar a resolver isso?".

Como pai eu digo a você que a notícia da coisa certa é maravilhosa, mas a notícia do arrependimento é muito mais bem-vinda, porque traz alívio e paz à perturbação da alma de um pai. Não há nada pior e mais triste do que um filho que não reconhece o erro e ainda o procura esconder.

Crescer e amadurecer:

- O Espírito Santo mostrou que há algo que você precise trazer à luz?
- Onde fica o versículo que diz que devemos esquecer as coisas que para trás ficam, devemos avançar para o alvo?

- Você precisa resolver algo que o impede de alcançar o seu futuro? Como você pode resolver isso?
- Você possui alguma responsabilidade com pessoas que dependam de você e às quais negligenciado amor e companheirismo?
- Você tem se ocupado em valorizar excessivamente a sua imagem?

Transformar e influenciar

Durante a leitura e meditação, o Espírito Santo lhe mostrou se há:

- algum pecado para confessar e abandonar?
- alguma promessa de que poderia tomar posse?
- alguma estratégia para adotar?
- alguma bênção que possa desfrutar?
- algum conceito que é preciso reavaliar?
- alguma falha a partir da qual se possa tirar lições?
- alguma vitória que deva alcançar?
- algum novo pensamento sobre o ministério que tem desenvolvido?
- alguma descoberta espiritual sobre Deus, o Senhor Jesus, o Espírito Santo, Satanás, o homem?
- alguma verdade que tenha tido grande influência sobre você?
- alguém que tenha que pedir ou liberar perdão?
- alguma nova postura de ministro com identidade?
- alguma atitude de clone que deva deixar?

3

Um cadáver enterrado na areia

Você pode sentir o cheiro de algo que não foi enterrado direito? Foi o corpo do egípcio. Realmente não vale a pena fazer as coisas pelas próprias forças, pois a única experiência que teremos é de tempos amargos e sem alegria. Eu mesmo já passei por isso. Forçar algo e ainda esperar a ajuda de Deus. Ei! Ele não está aí! Alguém, por favor, pode dizer isso a ele? Quem não forçou algo porque julgou que não andava na velocidade que queria.

Deus não está onde a força da carne é acionada ou quando desistimos de esperar o seu tempo. Vamos lá, tenha coragem de admitir antes de tudo desabar, antes que pessoas o abandonem, antes que perca coisas importantes. Antes que fique tão enrolado que não consiga nem respirar.

Quando algo não anda na velocidade que desejamos somos tentados a dar uma forcinha para Deus, empurrando o carro da nossa vida quando o fato de que ele está parado é o plano de Deus naquele momento. Assim que empurramos tiramos das mãos de Deus e arriscamos tudo por causa da impressão errada.

Nunca temos todas as peças do quebra-cabeça, sabe por quê? Porque fazemos escolhas erradas o tempo todo. E Deus não quer que fiquemos dando trabalho desnecessário para Ele. Gastando tempo que não temos. Vamos ver como nossa carne nos empurra ladeira abaixo jogando tudo que temos no esgoto.

Cada um de nós teme o fantasma de não ser reconhecido. Tememos que nosso conhecimento não seja adequadamente evidenciado e que todas as nossas grandes qualidades sejam desperdiçadas. Principalmente quando julgamos que alguém que está à frente de um ministério não tem a habilidade que temos e não está sabendo como conduzir as coisas como a nossa experiência faria tão bem.

Isso é que eu chamo de ego inchado. Na verdade os ministros devem observar muito firmemente este sentimento arrogante. A autossupervalorização. E isso muitos ministros têm de sobra. Ego inchado, grande e volumoso.

Moisés permitiu a sua carne tomar as rédeas quando presumiu que a pessoa mais indicada para libertar seus irmãos deveria ter certas habilidades. E ele se via totalmente hábil para isso. E realmente ele era muito talentoso. Foi muito bem instruído e sabia que um dia seria chamado de Moisés I (Ramsés I). A nova dinastia de Faraós viria com ele. Ele não era filho da realeza, porém Deus poderia mexer os pauzinhos. É claro que eu só estou especulando.

Os seus pensamentos não são todos descritos no livro de Êxodo. Talvez ele não quisesse colocar até onde foram seus sonhos e o Espírito Santo também não permitiu que ele escrevesse sobre seus pensamentos. Lembre-se de que foi o próprio Moisés que está narrando os fatos. Ele escreveu o livro de Êxodo.

Ele tinha dado a si mesmo muita corda sobre seu preparo, habilidades e posição. Enquanto seus irmãos lambiam os chicotes ele não saía ao sol sem uma boa proteção para sua pele real.

Um dia Moisés teve a ideia de visitar seus irmãos e nessa visita, que acredito não ter sido a primeira, viu o sofrimento do povo hebreu. Ali seu coração despertou para algo que antes possivelmente não o incomodava muito. Nada como a sensibilidade do Espírito Santo em nossa vida para sentir a miséria do outro. Afinal, *pimenta nos olhos dos outros é refresco*!

Moisés ficou comovido e seu coração acendeu finalmente para as necessidades dos seus irmãos.

Aqui cabe uma colocação sobre a sensibilidade de quem está por cima. Geralmente as pessoas que têm recursos substanciais se esquivam de contatos que possam gerar uma oportunidade de serem desafiadas em seu cristianismo. Eu falo isso porque já ouvi e presenciei confissões a esse respeito e também atitudes fugitivas. Foi horrível!

Não querer contato porque pensa que a pessoa vai lhe pedir um favor, uma caridade ou um socorro. Por outro lado alguns crentes preferem pedir ao invés de dar. Jesus espetou esse espírito de pedilância bem ao meio, quando disse que é melhor dar do que receber. Quem dá está na condição superior em matéria de recursos. É por isso que devemos desistir deste lado da mendicância e passar para o lado da generosidade.

Moisés foi ver seus irmãos, quem sabe alguns não lhe pediam algumas coisas. "Moisés me ajude, minha mãe não pode mais trabalhar!"; "Moisés eu preciso de remédios!"; Moisés! Moisés! Mas nesse dia ele resolveu agir. Seu coração ardeu com a dor dos hebreus, contudo em vez de agir ele deveria orar e esperar o caminho que Deus abriria a fim de seguir com o seu destino.

Se você acha que o seu destino é um lugar ao sol, então não faça nada pela força da carne. Não coloque tudo a perder por causa do arder do coração. Um coração sensibilizado precisa de um tempo para selecionar e peneirar as emoções e focar no plano. Somente saia da posição da largada quando a bandeira nas mãos de Deus tremular indicando claramente o início da caminhada. Corra para que você possa realmente cumprir o seu destino.

Com este pensamento martelando sua cabeça, Moisés tomou a decisão. Ao avistar o hebreu sendo maltratado, olhando para um lado e para o outro, viu que era a hora de agir. E matou o egípcio. A Bíblia não fala como reagiu o escravo ao ver um príncipe o defendendo de uma forma nunca vista antes.

Incrível como nós fazemos a mesma coisa ao vermos a oportunidade de agir. Olhamos para um lado e para outro e fazemos o que nosso impulso deseja fazer. Fazemos loucuras pensando ser a vontade de Deus. Fechamos negócios, compramos algo, damos um conselho, uma resposta, tomamos partido de alguém e damos nossa palavra sem refletir muito. Tudo pelo impulso de achar que aquela é a hora e que a oportunidade se fez presente.

Infelizmente olhamos para os lados para ver se as condições são favoráveis para agir, mas não olhamos para cima. Deveríamos olhar para cima e perguntar: – Esta é a hora, Senhor?

Por vezes, todas as circunstâncias aparentam que o momento propício é o presente, contudo podem apenas ainda ser sinais de que aquela é a direção e não que é o momento da ação. O discernimento é a melhor ferramenta espiritual para saber o momento. Nosso desejo de fazer a vontade de Deus não pode ser o medidor das oportunidades.

Às vezes, a necessidade pode fazer você tomar uma decisão e não a razão de toda uma história. Moisés deveria pensar que seus irmãos entenderiam e o apoiariam na missão de libertar o povo hebreu. Não foi isso que vemos no texto, foi tudo muito diferente. Isso faz lembrar quantas vezes eu pensei que algo aconteceria decorrente de uma decisão que eu julgava imprescindível e que seria uma ótima atitude. Mas a situação depois se virou contra mim de forma tão intempestiva.

Semeamos vento e colhemos tormenta. Isso é muito claro na palavra de Deus para refletirmos antes de nossas decisões. Moisés deve ter planejado algumas coisas, mas não se certificou de saber se Deus aprovaria o que ele faria. Fazemos isso também em nossos planos e projetos, não nos permitimos uma segunda opinião. Vamos pela oportunidade e Moisés fez o mesmo.

Agora precisaria seguir firme, mesmo sem saber ao certo o que viria depois. Sua ação tem um resultado, um cadáver. O que fazer numa situação dessas? Ele precisava desaparecer com as provas do crime. Puxou o 'presunto' pelos pés até um buraco mal cavado por ele mesmo e jogou areia em cima.

Ao ler o texto temos impressão de que ele jogou areia por cima do corpo e pronto, não cuidou sequer de planejar melhor como ocultar um cadáver. Não foi muito longe, não enterrou fundo, não soube como fazer. Mesmo que tivesse o melhor plano do mundo aquele cadáver apareceria! Porque não foi como Deus planejou.

Quando Deus enterrou os egípcios no mar Vermelho o fez muito bem feito. Jamais puderam desenterrá-los. Nunca mais viram os carros de Faraó. Quando Moisés estava no tempo de Deus e no lugar certo o plano ocorreu muito além do que Moisés poderia ter imaginado. Agora sim aqueles egípcios foram sepultados com grande estilo. Ao estilo de Deus.

Quando a nossa atitude é impulsionada por desejos egoístas e interesseiros não conseguimos enterrar as consequências. Nossa ambição nos leva a digladiar com nossos irmãos por um lugar ao sol, um lugar para mostrarmos nossas habilidades, nossa mensagem, nossa música, nossa intimidade e a nossa visão. Como isso é mesquinho, individualista e baixo! Nunca alcançaremos a verdade da presença de Deus, será apenas um teatro, uma cópia, um clone!

Por isso que o pecado tem que ser cometido às escuras, nas trevas e escondido. Não pode haver luz! Não pode haver transparência, prestação de contas, porque quem promove e age assim só pensa em si mesmo. Só está interessado em satisfazer suas vontades.

Moisés não estava interessado em sua liberdade, ele já era livre. Era um príncipe de quarenta anos muito experiente. Ele estava desejoso que seu povo fosse livre daquela escravidão. Isso não é admirável? Talvez da mesma forma você tenha uma grande missão e espera que tudo dê certo, pois as consequências abençoariam muitas pessoas.

Quando o segredo foi revelado, quando o cadáver enterrado foi relembrado por seus irmãos enquanto ele tentava apaziguá-los, tudo desmoronou. O segredo foi descoberto e agora ele precisava fazer algo. Você pode imaginar como o gelo encheu o estômago de Moisés? Você já teve algum segredo descoberto e sentiu um frio passar por seu corpo e as maçãs do rosto ficarem rosadas em fogo? Foi o que Moisés sentiu em muito maior grau. Não era apenas um segredinho.

Se seus segredos viessem à luz que atitude você precisaria tomar? Com certeza, você tem segredos. Todos têm.

Alguns nós guardamos por anos até que um dia, sem que possamos impedir ou selecionar como, ele será divulgado.

Moisés estava sem a presença de Deus e por isso teve que fugir para muito longe temendo por sua vida. Nada o consolava, seu conhecimento nas ciências egípcias e as lembranças dos banquetes podiam trazer alento. As suas campanhas bélicas vitoriosas de nada adiantavam agora.

Quando estamos sem a presença de Deus fugimos, nos escondemos porque o que fizemos é horrível.

Após vagar sem rumo por muito tempo e depois de atravessar um grande deserto e terrenos sinuosos cheios de rochas, areia, cactos e lagartos ele chega a um poço. Vemos que o ex-príncipe senta à beira deste poço e fica ali meditando sobre como foi que ele veio parar ali.

Pode ser que isso se assemelhe ao seu dia de hoje. É possível que você pense que trabalhou tanto e que se dedicou desesperadamente, mas nada adiantou. Andou por muitos caminhos e não chegou a lugar nenhum. Isso pode significar que você esteja diante de um grande avanço na sua vida. Principalmente na vida espiritual.

Talvez você também já tenha se sentado junto a um poço e se perguntou: "Será que Deus vai me usar novamente? Deus vai permitir que eu seja usado para ministrar novamente como fazia antes?"

Há pessoas que se sentem altamente capazes de resolver esses impasses e se recusam a sentar-se para refletir e esperar. Isso é contra a sua natureza. É o oposto de seus princípios. Como é inútil numa hora dessas se debater de um lugar para outro. O melhor que podemos fazer é desfrutar da oportunidade desse poço. Uma oportunidade de ouro!

Depois de tantas atividades Moisés jamais pensaria que chegaria naquela situação. Tão habilidoso, tão talentoso, tão carismático, tão querido, tão rico. Agora ele está parado ali, junto ao poço. O que há dentro deste poço? Meu amigo, água! Depois de um deserto nada como se refrescar e matar a sede junto a um poço. Se você parar de correr e se sentar poderá se refrescar enquanto Deus fará algo para mudar o seu destino.

Isso pode ser ainda um poço diferente do que você está acostumado. Mas por favor, veja onde você veio parar fazendo do seu jeito. Então, para que não piore ainda mais, sugiro que você pare! Creia que se você não parar as coisas poderão ficar muito piores do que já estão.

É preciso que você se satisfaça com a água deste poço, beba dela mais um pouco, não caminhe ainda, espere Deus dar algum sinal. E Ele dará. Você está disposto e preparado para pôr o plano em ação e colher os benefícios do seu projeto? No entanto, quero que você volte e reflita se realmente Deus o comissionou ou é você que resolveu através da observância de suas habilidades e desejos.

A missão vem de Deus? Ou é você que elaborou tudo baseado nas suas conclusões?

Quando as coisas vêm de Deus elas fluem... Não haverá egípcios para enterrar na areia. Deus os enterrará com estilo, e que estilo!

Crescer e amadurecer:

- Você se vê como um crente espiritual ou carnal?
- É ansioso?
- É orgulhoso com seu desempenho, há algo errado com isso?
- Você acha que pode parar junto a um poço de água para reavaliar a sua vida?
- Você tem um coração voluntário?
- Hoje você sofre consequências de um ato da carne? Como você faria se tivesse uma segunda oportunidade?
- Seu ministério flui ou você exerce força para ele caminhar? O que está errado?

Transformar e influenciar

Durante a leitura e meditação o Espírito Santo lhe mostrou se há:

- algum pecado para confessar e abandonar?
- alguma promessa de que poderia tomar posse?
- alguma estratégia para adotar?
- alguma bênção que possa desfrutar?
- algum conceito que é preciso reavaliar?
- alguma falha a partir da qual se possa tirar lições?
- alguma vitória que deva alcançar?
- algum novo pensamento sobre o ministério que tem desenvolvido?
- alguma descoberta espiritual sobre Deus, o Senhor Jesus, o Espírito Santo, Satanás, o homem?

- alguma verdade que tenha tido grande influência sobre você?
- alguém que tenha que pedir ou liberar perdão?
- alguma nova postura de ministro com identidade?
- alguma atitude de clone que deva deixar?

4

Eu sou a pessoa certa?

Um dos personagens bíblicos que mais me intriga é Moisés. Eu me identifico muito com sua vida. E é por isso que eu vou usar mais um pouco de sua vida aqui como exemplo. Agora, lembrando que ele ainda está à beira de um poço pensando, já não está tão cansado fisicamente de sua viagem. A água daquele poço recobrou um pouco do seu ânimo, embora emocionalmente ele estivesse arrasado com tudo o que aconteceu.

Muitas das portas se abrem quando aprendemos a lição. E Moisés aprendeu algumas lições muito importantes. Ele desejava ser o líder que libertaria seu povo, por isso tomou a decisão de não aceitar que o egípcio continuasse dando aquela surra no escravo hebreu e o matou. Moisés agora, à beira do poço, vê a primeira oportunidade de ver como Deus desejava que as coisas fossem.

O texto diz que as filhas de um figurão midianita vieram ao poço tirar água para os seus rebanhos, contudo houve uma grande confusão e Moisés pôde intervir. Defendendo as mulheres e também servindo água deste mesmo poço a elas. Nada mau para um recomeço ministerial.

Não devemos desprezar os pequenos começos (Zc 4.10) e Moisés não desprezou este. E você também não deve desprezar os pequenos convites, mesmo que você seja um príncipe. Sempre há alguém para quem possamos ser a resposta de oração. Se não pudermos ser toda que sejamos parte dela.

Deus gosta de colocar desafios diante de nós. Principalmente aqueles que desafiam a nossa generosidade. E você sabe por que isso? Porque Deus é generoso e deseja que sejamos generosos como Ele e suas provocações colocam nossas motivações à luz. Se formos o que dizemos ser reagiremos em conformidade com a sua vontade. Se tivermos uma vida de mentira e vivermos fazendo um teatro dela, isso também será revelado claramente, não só para nós como também para aqueles que estão ao nosso redor.

Moisés também já havia desistido de ser o principal libertador conhecido e agora desejava apenas fazer algo útil àqueles que estavam com ele. Desistiu da posição confortável e de ser servido. Se quiser comer tem que trabalhar duro. Acabaram-se os servos, os banhos de imersão com gotas de óleos aromáticos, não havia mais aquela cama solitária em um quarto só para ele.

Ele está disposto a viver modestamente sem ostentação. Como nosso ego gosta de massagem e vitaminas. Quanto mais se alcança mais se quer. Não haverá algo que possa satisfazer um espírito assim. Até que um dia tudo ruirá por causa da ganância e descaso. Moisés agora sabe que uma casa humilde, uma cama e alimento à mesa bastam. Chega de grandes ideias.

Se nós não nos contentamos com o que temos e insistimos em ter o que Deus não planejou para nós Ele dará um jeito de nos colocar em nosso lugar, mas eu não aconselho a deixar chegar neste estágio. Pode ser muito doloroso. Depois deste golpe desferido por Deus para deixar muito claro para nós de como ele quer que as coisas sejam. Os acontecimentos simples da vida terão outro significado, sim um valor nunca aferido.

Valorizaremos coisas que hoje julgamos inferiores. Mas elas se tornarão coisas incríveis. Moisés olhou para a vida com outra perspectiva.

Um dia ele se encontrou com alguém que ainda não conhecia. Com Deus! Você já reencontrou alguém e teve este diálogo?

– Oi! Você é o Ricardo, certo?

– Eu conheço você?

– Claro que sim, não se lembra?

– Não, eu não me lembro, me desculpe! Ajude-me a lembrar!

Eu não sei se foi isso que eles conversaram, mas esta é a releitura do texto para mim. Deus apareceu e se apresentou para alguém que não dizia nada com nada. Moisés conhecia o povo hebreu, mas não conhecia o povo de Deus? Sendo da tribo de Levi, não sabia de nada? Duvido! Alguma coisa ele sabia, contudo não fazia sentido, pelo menos até aquele momento.

Deus deu-lhe uma missão:

– Moisés você é a pessoa que eu escolhi para libertar o meu povo.

– Eu sou a pessoa errada! Antes eu achava que eu era a pessoa certa para isso, mas agora não vejo nada em mim que possa contribuir para libertar seu povo, Deus. Eu sou um fracassado. Eu não sou nada. Esqueça isso, Deus, procure outro.

O nosso problema é o nosso currículo. Quando vamos tentar um emprego colocamos coisas que beiram o exagero. "Capacidade de interagir em grupo"pode ser uma de nossas afirmações neste currículo, mas não suportamos a ideia de sermos contrariados. "Proativo com habilidade para administrar e apresentar soluções", outra mentira, pois ficamos paralisados diante de uma simples dificuldade.

Diante de todos os argumentos negativos de Moisés, Deus apresentou uma solução. É desta forma que as coisas de Deus fluem. As barreiras aparecem e Deus proporciona um recurso suficiente para a demanda.

Moisés se via incapaz e sem condições de fazer o que Deus tinha para ele. Esta é a forma pela qual muitas vezes Deus prefere agir. Sem nenhuma condição. Dessa forma toda a glória será dada a Deus. O homem nada receberia por sua participação. Os clones esquecem de que não será seu currículo que os fará se destacar entre os seus iguais, ou melhor, suas cópias. Mas sim sua capacidade de aceitar e executar a vontade de Deus.

Saber a vontade de Deus não é tudo. É apenas uma parte. Obedecer aceitando tudo o que Deus planejou é o diferencial entre os distintos servos e adoradores que honram a Deus com as suas vidas.

Não é uma programação sem sentido, ou uma obediência cega. É um relacionamento de submissão, obediência e de confiança.

Um dos meus pastores escreveu na parede do seu gabinete: *"Faça grandes coisas para Deus e espere grandes coisas dEle"*. Ele era um homem de Deus. Mas a frase se aplicada à risca pode levar a caminhos perigosos.

Há algo que eu aprendi e que se você tiver mais de um ano na casa de Deus com certeza já percebeu isso. Se nos envolvermos na obra de Deus sem nos envolvermos com Deus experimentaremos grandes decepções. Todo trabalho deve ser acompanhado com aquilo que eu chamo de identidade ministerial. Exercer um trabalho intensivamente sem que ele esteja relacionado com o nosso perfil nos fará cair fatigados e sem resultados realmente positivos. Muito trabalho e pouco resultado. Infelizmente pensamos que estamos fazendo a obra de Deus, quando na realidade estamos cometendo um equívoco. É fácil isso acontecer. Entramos em batalha desnecessária.

Talvez você tenha o desejo de tocar para um grande público ou ministrar em grandes seminários de louvor. É possível que seja algo que você não consegue controlar ou que você não saiba o que é, mas essas coisas o impedem de chegar neste lugar ao sol. É bem possível que você tenha ido parar em um lugar totalmente diferente de onde você planejou estar. E que, muito triste, pensa: "Quando será que meu dia chegará?"

Você aceitaria ministrar nos cultos de menor frequência em um dia de muita chuva? Aceitaria ministrar estudos sistemáticos com os músicos que tocam com você? Se a resposta for sim, então fique sabendo que pode ser toda a sua vida. Pensou que seriam apenas algumas dezenas de vezes? Se você realmente está interessado em fazer a vontade de Deus deve estar preparado para o grande plano que Ele tem para você em um pequeno lugar.

Você está interessado em ministrar ao Senhor ou na notoriedade e no prestígio que esta posição traz? Eu posso muito querer a fama que o trabalho a Deus proporciona ao invés de verdadeiramente desejar servi-lo em atitude de adoração apenas.

Ministramos muito na igreja exortando ao povo que sejam verdadeiros adoradores e que busquem o dono da bênção e não a bênção. Quantas ministrações nós ouvimos sobre a motivação de nossa adoração? Eu creio que muitos ministros não fazem o menor esforço para viver o que estão cantando e ensinando ao povo.

Muitos de nossos desertos são feitos sob medida para nós. Eles são tão perfeitos em moldar o caráter que é impossível não reconhecer que foi Deus que enviou-nos ali. Neste lugar desistimos de fazer grandes coisas para Deus e apenas queremos a oportunidade de realizar qualquer tarefa.

Quando estamos em meio a projetos e planos sem qualquer aviso preliminar, sobrevém alguma arbitrariedade repentina, isso poderá nos desarmar de qualquer desejo de prosseguir, principalmente se algum familiar está envolvido no inesperado. Podemos perguntar: Onde estava Deus quando isso aconteceu? Sem, no entanto, obter qualquer resposta que possa justificar o ocorrido.

Podem ser outros infortúnios, entretanto após um golpe específico desistimos de continuar tão ávidos naquela direção e naquele trabalho. Imediatamente começamos a questionar se era a vontade de Deus. Não acreditamos que aquele evento horrível aconteceu e sem nenhuma explicação a não ser o sentimento da dúvida e de culpa.

Neste turbilhão de desapontamento, decepção e desnorteamento, paramos no tempo e no espaço, totalmente sem o chão. Aceitamos rapidamente qualquer alternativa de projeto de vida que Deus possa nos sugerir.

Foi assim com Moisés, com Davi, com profetas, discípulos e muitas outras figuras bíblicas. E a história ainda se repete em nossas vidas. O que nos faz pensar que somos tão grandes assim? O provérbio diz que assim como imagina a sua alma assim você é (Provérbios 23.7); está na Palavra de Deus e você deve, a partir daí, criar um personagem e tentar viver o padrão que imaginou para este papel de super ministro. Isso é tolice. O texto diz que se você se vê de forma degradante com autocomiseração então você viverá neste nível. Entretanto não significa que se você se imaginar rico e poderoso será abastado, influente e enérgico. O máximo que conseguirá é viver uma caricatura de ministério, apenas uma imaginação. E será muito provável que tentando ser algo que não é vivenciará pessoas se afastando porque não suportam o seu jeito dogmático de ser.

A partir deste ponto, quando este trem bala nos atropela, aceitamos qualquer serviço. De protótipo de *superstar* a adoradores quebrantados. Neste exato momento tornamo-nos muito sensíveis aos planos de Deus para nossas vidas. Vislumbramos uma carreira bem menor, porém ela não é menor, apenas voltou ao princípio de onde tudo deveria ter se originado. Uma grande volta, muitos anos, dinheiro, sofrimento e finalmente no ponto de partida que Deus traçou.

Um novo pensamento e um novo conceito de si.

E por incrível que pareça não temos mais a mesma imagem e conceito de antes. Agora *moidinhos* e prostrados, olhamos de baixo para cima, não mais de cima para baixo e, principalmente, não ousamos olhar para os lados. Até os pensamentos são mais realistas, ou seja, não poderei ser nada além do que sou se Deus não resolver me encher da sua unção.

Passando por aquele terrível deserto não me acho nem um pouco qualificado para nada! Se Deus permitir, a única coisa que posso fazer é interceder pela sua obra – e antes de tudo ser um dizimista fiel – sendo apenas uma minúscula parte do que ele deseja construir na minha geração.

Neste estágio, se Deus me disser:

– Eu tenho uma tarefa para você!

Eu direi:

– Onde quer que eu varra, Senhor?

Isso mesmo, sem nenhuma pretensão de ser alguma coisa a não ser um servo obediente e rápido!

– É para já, Senhor!

Da mesma forma, Deus poderá usar você para o que ele planejou já que a sua passagem é tão rápida nesta vida. Vida passageira e não damos conta que dependendo da idade que acordamos para isso, viveremos pouco tempo na vontade de Deus e realizando o seu querer.

Moisés disse para Deus que Ele estava enganado e que deveria escolher outro. Falou dos seus defeitos e de sua limitação verdadeiramente. Nada como uma noite em Peniel e uma coxa quebrada. Nada como um estômago escuro, sem ar e mergulhado entre sardinhas mortas e fedidas para ver que não há outra escolha a não ser obedecer.

Nada como um deserto e alguns anos fazendo pouco como se fosse muito para Deus se inclinar e oferecer um papel que realmente valha viver.

Crescer e amadurecer:

- Qual personagem bíblico se assemelha a você ou ao seu ministério?
- Quais qualidades desse personagem você tem adquirido e exercitado?

- Quais defeitos deste personagem se parecem com os seus e o que fazer para mudar essa conduta?
- Você aproveita as oportunidades?
- Quais oportunidades você lamenta não ter aproveitado?
- Você é generoso ou avarento?
- O que você faz no ministério é relacionado com a sua identidade?
- Você aceitaria outro ministério se este não estiver em conformidade com o seu perfil? Qual?
- Você faz o que lhe é requisitado imediatamente ou protela para uma outra hora? Como mudar isso?

Transformar e influenciar

Durante a leitura e meditação o Espírito Santo lhe mostrou se há:

- algum pecado para confessar e abandonar?
- alguma promessa de que poderia tomar posse?
- alguma estratégia para adotar?
- alguma bênção que possa desfrutar?
- algum conceito que é preciso reavaliar?
- alguma falha a partir da qual se possa tirar lições?
- alguma vitória que deva alcançar?
- algum novo pensamento sobre o ministério que tem desenvolvido?
- alguma descoberta espiritual sobre Deus, o Senhor Jesus, o Espírito Santo, Satanás, o homem?

- alguma verdade que tenha tido grande influência sobre você?
- alguém que tenha que pedir ou liberar perdão?
- alguma nova postura de ministro com identidade?
- alguma atitude de clone que deva deixar?

5

Não deixe o seu sonho à deriva

Enquanto alguns se espremem e se digladiam no altar, nas ondas de rádio, e nas produtoras e gravadoras, existem aqueles que ficam orando, esperando Deus levar sua visão à frente. Meu amigo, isso não tem nada a ver com o reino de Deus. Ficar de braços cruzados? Nem pensar. É preciso agir.

Agir não é correr desesperado e tentar enfiar seu ministério em todos os lugares. Isso só vai fazer você gastar energia e, no fim, pouco resultado que se possa aproveitar restará. Isso é experiência pessoal. Eu não tenho uma chave que abre portas, ninguém tem, não existe alguém que possa dizer que sabe como conseguir um lugar ao sol.

Quando um produtor oferece um orçamento para divulgar um ministério ou cantor ou cantora não há proposta de sucesso, apenas de trabalho.

E é trabalhando que sentimos que o nosso ministério é útil. Trabalhando e oferecendo nossos dons e talentos a serviço do Reino de Deus é que nos sentimos valorizados e que há um sentido para tudo. Quando trabalhamos apenas focando o sucesso, logo as forças acabam e um sentimento de vazio abate as esperanças.

Mas quando o foco é alcançar pequenos avanços por período de trabalho somaremos os resultados. E eles se mostram surpreendentes.

E para saber se estamos no caminho que Deus preparou para nós é necessário que prestemos atenção aos sinais. Quando Moisés nasceu muitos sinais de que Deus tinha algo especial para ele foram observados.

Primeiro, um cenário de carência, necessidade e de oportunidade. Um povo que carecia de libertação. A necessidade era de alguém que pudesse liderar. E a oportunidade é que Deus cria a fim de atender o clamor dos seus filhos por libertação.

Tudo isso se faz presente em nossas vidas. Nós temos a carência, necessidade e precisamos de oportunidade para sermos usados, pois um dia clamamos para sermos usados para o louvor da sua glória. E não clamamos para sermos honrados através do nosso ministério. Isso é uma consequência e minha opinião é que não se deve pedir isso para Deus.

A carência é por conta da razão de um mundo que precisa conhecer o amor de Deus. O mundo não precisa

Pouco provável que Deus tivesse planejado tudo isso. Deus permitiu que Abraão, Rebeca e Moisés fizessem as suas escolhas. Davi teve a sua escolha em se deitar com Beteseba. Deus permitiu a escolha dos irmãos de José.

Todas essas histórias têm final feliz. Sabe por quê? Porque todos esses personagens bíblicos deixaram de agir por conta própria segundo, a inteligência e experiência de cada um. É bom notar que mudaram de tática após uma grande "cabeçada". Como eu disse, o nosso maior problema é o nosso currículo. Quanto mais o admiramos mais viveremos segundo sua influência. A influência de nossa esperteza, inteligência e conhecimento.

Cadê o pai de Moisés? Não o vemos a não ser na genealogia. Eu gosto muito de ver como as mulheres têm se destacado em nossas igrejas. As mulheres da Bíblia têm muita criatividade! Algumas não foram felizes em suas escolhas e planos. Veja:

Rebeca não foi feliz no seu plano de enganar o marido para que concedesse a primogenitura a Jacó.

E Sara então? Também lhe faltou observar todos os pontos do seu plano de dar um herdeiro para Abraão empurrando Agar para seu marido engravidá-la.

Todo plano tem os seus pontos positivos e também os pontos negativos. Após uma diretriz para equacionar os planos negativos é que você deve agir. Jamais deve largar seu sonho sem um leme que o dirija. O mais importante não é a velocidade. A direção é mais importante. Depois vem a velocidade. Em alguns aconselhamentos que faço, percebo que meu espírito se agita dentro de mim. É a indignação de ver que pessoas deixam escapar oportunidades e o mais triste é que não sabemos se Deus dará outra.

Todos os pastores pregam profetizando o melhor de Deus para os membros de sua igreja. Deus não rejeita bem algum ao que anda corretamente (Salmo 84). E os ouvintes ficam em um transe pensando que Deus os abençoará na condição em que eles estão. Isso não é verdade.

A Graça tira o pecador de sua condição para que ele possa herdar a vida, mas se permanecer no pecado jamais entrará no céu, jamais receberá a salvação. Porque é preciso se arrepender e interromper a prática do pecado. A Graça não tolerará o pecador sem arrependimento dentro dos portões do Céu. O pecador somente receberá a herança ao tornar-se "ex-pecador" e não pecador presente.

Os pregadores afirmam tanto que Deus vai abençoar, restaurar e prosperar que a mensagem do arrependimento fica em segundo plano. Falam sobre os 'sonhos', mas a ilusão da inconsequência invade a mente e a premissa do arrependimento, do quebrantamento e da confissão não é importante e ensinada com a mesma ênfase, somente a promessa é avistada e desejada. A promessa está sendo feita pelo pregador e não por Deus.

O arrependimento deve ser desejado tanto quanto as promessas de Deus. O quebrantamento deve ser experimentado e a confissão deve ser um hábito. Mesmo se você apenas focar sua atenção nas promessas, perderá. Porque isso é uma atitude de deixar seu sonho num cesto à beira de um rio com forte correnteza.

A agitação do rio fará seu sonho emborcar e desaparecer. Não aconteceu com Moisés porque Joquebede estava seguindo um plano de Deus, uma estratégia dada a ela. Jesus também teve que ser escondido de Herodes. José e Maria estavam seguindo uma diretriz de fuga revelada pelo anjo. Tudo planejado.

A necessidade de se autoafirmar, de se autoestabelecer as pessoas abater qualquer senso do espírito humilde e de fidelidade ao chamado original de Deus. É fácil olharmos para um DVD bem estruturado e sonharmos que Deus tem tudo aquilo para nós. Sonhar em viver todo o prestígio que aquela estrutura está proporcionando para aquele artista e deixar para trás o posicionamento em que Deus nos colocou.

Um clone expressa no seu exterior todas as características que possui. Não há uma identidade. Viu um, viu todos. Ouviu um, ouviu todos. Realmente é assim. Entretanto não é assim com um sonho especial. Quando Moisés nasceu, seus pais sabiam que se tratava de uma criança diferente. E conseguiram escondê-la por três meses.

Todos os filhos são amados e os pais pensam que se trata de alguém diferente e desejam um futuro especial e que cumpra um destino maravilhoso. Todos os pais esperam que isso aconteça com os seus filhos.

Um sonho é um filho que é gerado em nossas entranhas e o qual um dia daremos à luz. Costumamos dizer que estamos grávidos de Deus. Colocamos até as mãos na barriga apontando que há um sonho de Deus ali dentro e que somos parceiros de Deus nisso. E eu digo que este pensamento está muito certo.

Os pais de Moisés sabiam que ele corria perigo e planejaram uma forma de escondê-lo de Faraó. Os seus soldados procuraram todas as crianças e a Bíblia não conta que outra criança escapou do rio de crocodilos, mas somente cita Moisés. Realmente Deus tem algo para ele.

Quando um sonho resiste aos ataques, espadas, tramas, dos inimigos e do tempo. Começamos a perceber como aquele sonho é importante para Deus. Devemos tomar um cuidado especial. Não expor ao mundo antes que chegue o tempo de ele ser revelado. Por isso muitos ainda estão escondidos para serem usados por Deus na hora certa.

Aqueles que não conseguem guardar segredos e proteger o seu sonho e o revelam, Faraó vem buscar e o lança no rio de crocodilos. Os clones fazem isso, trabalham muito, estão em todos os lugares aparecendo como papagaio de pirata, mas só geram calor e não luz! Devemos ser a luz e o sal e não uma lâmpada que apenas gera calor.

Quando recebemos um sonho de Deus devemos guardá-lo. Em algumas vezes escondê-lo porque ele será procurado vorazmente. Satanás está em fúria e pode usar o sistema do mundo para matar o seu sonho. Faraó é o mundo que busca, encontra e joga seu sonho para os crocodilos comerem. Herodes fingiu-se de amigo dos magos. Ele disse que desejava saber onde estava o rei para adorá-lo também. Não acredite nos Herodes da vida. Se você disser onde está o seu sonho nunca ele se realizará.

Os clones revelam seus planos para ver quem os realiza. Um clone é previsível e o único lugar que ele fica é na batalha. Batalhas, lutas, se digladiando com outros que pensam e agem como ele. Mais uma vez eu digo: apenas gerando calor e não luz.

Deixe o seu sonho guardado. Não trancado sem ver a luz do sol, mas deixe-o desenvolver-se naturalmente. Moisés recebeu alimento, amor e se desenvolveu naturalmente. Ele era muito bonito, de aspecto saudável por isso a princesa desejou adotá-lo.

Um sonho desfigurado e desnutrido não cativará o olhar de uma princesa. Então o que você deve fazer é cuidar dele enquanto o esconde, enquanto aguarda. Alimente e deixe-o crescer naturalmente.

Crescer e amadurecer:

- Qual personagem bíblico se assemelha a você ou ao seu ministério?
- Quais qualidades deste personagem você tem adquirido e exercitado?
- Quais defeitos deste personagem se parecem com os seus. O que fazer para mudar esta conduta?
- Você aproveita as oportunidades?
- Quais você lamenta não ter aproveitado?
- Você é generoso ou avarento?
- O que você faz no ministério é relacionado com a sua identidade?
- Você aceitaria outro ministério se este não estiver em conformidade com o seu perfil? Qual?
- Você faz o que lhe é requisitado imediatamente ou protela para uma outra hora? Como mudar isso?

Transformar e influenciar

Durante a leitura e meditação o Espírito Santo lhe mostrou se há:

- algum pecado para confessar e abandonar?
- alguma promessa de que poderia tomar posse?
- alguma estratégia para adotar?
- alguma bênção que possa desfrutar?
- algum conceito que é preciso reavaliar?
- alguma falha a partir da qual se possa tirar lições?
- alguma vitória que deva alcançar?
- algum novo pensamento sobre o ministério que tem desenvolvido?
- alguma descoberta espiritual sobre Deus, o Senhor Jesus, o Espírito Santo, Satanás, o homem?
- alguma verdade que tenha tido grande influência sobre você?
- alguém que tenha que pedir ou liberar perdão?
- alguma nova postura de ministro com identidade?
- alguma atitude de clone que deva deixar?

6

Deixando de ser um clone

Eu não sei se você já percebeu quantos artistas do meio gospel são muito semelhantes. Vou explicar melhor. Quando você vai a uma loja de artigos evangélicos para comprar um CD, já notou como os sertanejos usam a mesma arte na capa com contornos florais de cowboy e calça com fivelão, chapéu e letras de salão de faroeste? Isso é o estilo adotado por quem faz esse tipo de música.

Se olhar para os CDs de musica Black notará uma arte com desenho psicodélico, fotos com gente de cabelos grandes, calça boca de sino e afins? Esse é o perfil adotado por quem curte este tipo de música.

Notou também que os cantores pentecostais têm o seu rosto em evidência na capa do CD? Principalmente as cantoras do gênero pentecostal apelidado de 'sapatinho de fogo' passam por um tremendo *photoshop* deixando o rosto sem nenhuma linha de expressão, parecendo uma boneca do mundo dos sonhos.

É uma observação que todos vemos com muita clareza nas prateleiras das lojas. Não estou criticando ou depreciando as categorias que comentei aqui. Quero agora que você deixe um pouco de lado a arte de cada estilo musical e mentalmente coloque um CD pentecostal.

A primeira faixa começa a tocar... O que você ouve? Não precisa prestar muita atenção, pois tem as frases: Varão, Homem de Branco, Inimigo, Jeová, Fogo, Prova e por aí vai. Em todas as músicas.

Após ouvir as doze faixas poderá pegar outro CD para ouvir e notará que os arranjos são tão semelhantes que você poderia julgar que continua a ouvir o mesmo. Eu posso estar exagerando um pouquinho. Contudo, isso é a pura verdade.

Existem CDs do mesmo estilo musical que são diferentes um dos outros. Isso é identidade. O que faz uma pessoa pensar que poderia vender tantos CDs imitando a voz de um cantor conhecido é inexplicável. Isso é um clone.

Alguém que sonha viver a vida de um artista é mais comum do que podemos imaginar. As pessoas que admiram o trabalho dos seus artistas preferidos têm uma atitude muito saudável. Sem isso não haveria carreiras e recursos para mover a roda da edificação. Esses artistas edificam seus admiradores.

Os fãs são tocados e fortalecidos por meio das letras e testemunhos e até do carisma dos seus artistas preferidos. Há uma diferença em admirar e desfrutar do ministério desses artistas e idolatrar, copiar e viver uma ilusão de assemelhação.

Eu não sou psicólogo, mas posso dizer que deve haver um nome clínico e científico ou um estudo mostrando as causas e efeito deste comportamento. Minha função aqui é trabalhar o lado ministerial. Então tento transmitir minha experiência e observação de acordo com o que eu recebi de Deus para fazer nesta área de louvor e adoração.

Ao ouvirmos um DVD nos deixamos envolver por aquela atmosfera de adoração e louvor. A unção residual impressa naquele trabalho toca os nossos corações de tal forma que choramos e recebemos toda a ministração feita ali. Muitos de nós gostamos tanto de uma música que compramos um DVD ou CD somente para ter uma única canção de louvor.

E como admiramos aquele determinado ministério, até começamos a sonhar em ser parte daquele momento. Mesmo que ele já tenha passado. Nossa imaginação permite isso, é a liberdade de criação. É o que os músicos têm de sobra: imaginação. Às vezes falta, mas a maioria tem abundantemente.

Já que não se pode viver verdadeiramente aquilo, então o próximo passo é uma reação muito comum, mas pouco comentada e tratada. Os pastores adoram ter um Ron Kennoly, ou um David Quilam, ou uma Nívea Soares, Fernandinho na sua congregação. Não é a visita do artista verdadeiro e real. Mas um clone. Muitos pastores fazem questão de que seu ministro de louvor copie até a ministração do CD, pois até o pastor deseja viver a unção que percebeu que havia na gravação de um CD que gostou.

Um clone fazendo tudo o que está no CD é tentador porque é mais barato e todos os domingos ele estará à mão. Muito prático e conveniente. "Um clone! Tenha também o seu!". Parece uma frase inteligente de uma campanha publicitária. Mas não é.

Daqui a alguns anos este clone estará compondo músicas parecidas em sua construção. Letra e estilo. A voz se torna semelhante, os arranjos e, por fim, não ficará diferente a ministração. Pronto, mais um clone para o mercado. E lá ele encontrará dezenas e centenas de clones fazendo a mesma coisa.

Agora você poderá entender melhor por que vamos a uma igreja e ouvimos os mesmos cânticos dezenas de vezes com os mesmos arranjos e as mesmas frases quando começa a ministração. Isso é horrível. Eu posso confessar? Eu já fiz isso. Sim eu confesso, mas me livrei de ser possuído pela imagem de assemelhação dos artistas que eu admirava e ainda admiro. Entretanto não sou clone.

Como eu disse, é sadio se espelhar e buscar nossas referências. Quanto mais referências mais diversidade você terá. Mas é bom seguir aquilo que se pareça com a sua identidade. Pode mudar quando você achar que não se encaixa mais com você. Existem roqueiros que desertaram o exército de guitarras distorcidas e migraram para o suave toque do acústico. E músicos calmos que adotaram um estilo mais agitado. É a dinâmica humana. Como diz um pensador: 'Ainda bem que eu tenho *ideia* para mudar'.

Um clone não possui planejamento. Ser igual a alguém não é um alvo, uma meta ou um destino. Veja agora como você pode deixar de ser um clone.

Primeiro: descubra a sua identidade

- Você consegue pensar e visualizar sua identidade?
- Como é o estilo de música que você aprecia? (não o artista).
- Quais são os instrumentos que você se sente mais confortável ouvindo?
- Que tipo de letra você consegue entender melhor?
- Que tipo de roupa você gosta de usar?
- Como você classifica o corte do seu cabelo?
- Que tipo de assuntos você gosta de conversar?

Nesta sequência de perguntas simples você pode saber se *identidade* tem a ver com *mau gosto*. Isso mesmo. Existe gosto para tudo, uns gostam de jiló, outros ficam enojados só em pensar em comer. Uns gostam de cebola, outros não. E você pode estar querendo dar cebola para o grupo que detesta cebola.

As respostas podem estar de acordo com o perfil de quem aprecia Rock, mas você pode não ter o estilo de roqueiro. Então tudo ficará estranho: a sua voz, suas roupas, seus arranjos, suas letras e o seu comportamento. Tudo parecerá produzido e não natural. O que é produzido pode soar artificial. E o que é natural, com a simples amplificação, dará ótimos resultados.

O que soa artificial é fruto de uma identidade de assemelhação, um clone. Uma identidade natural é desejada e tem o seu espaço naturalmente, pois ela não procura ocupar um espaço já preenchido. Um clone está sempre procurando se estabelecer em um espaço já ocupado. Em vez de trabalhar guerreando contra o reino inimigo, entra em combate com o próprio reino.

Um clone tem atitudes peculiares. Competição, rivalidade, orgulho e prepotência. Parece amigo e elogia o seu trabalho, mas é bajulação e não o reconhecimento sincero. Um clone age por impulso e não por organização e planejamento. Imagine-o sem sua parte artística, veja se tem opinião própria, olhe para o seu interior, percorra suas ideias e avalie se há conteúdo. Caso o resultado de sua ponderação seja negativo, então esta pessoa é um clone.

Mas a ideia principal aqui não é olhar para fora e sim para dentro. Você está disposto a isso? Então observe as suas atitudes, o seu ministério como um todo e responda: Você é um clone?

Alguém em busca de sua identidade poderá abrir mão de tudo o que está fazendo agora e sentar ao redor daquele poço que Moisés encontrou ao fugir do Egito e meditar. Como que olhando para um espelho, friamente tirar toda a aparência de artista e deixar o homem interior livre para se revelar. Com todas as atitudes que legítima e verdadeiramente sejam suas. Exclua todos os jargões aprendidos e deixe aqueles que você criou. Não almeje se vestir como o Fulano, mas com aquilo que você diria que seria a sua segunda pele.

Seja você e descubra se realmente você se parece com o que pensa que é. Analise todas as suas obras, atitudes e sonhos. O que você realizou até agora foi proporcionado por aquilo que você é ou por aquilo que você fabricou?

Às vezes, dando aula a um aluno, percebo que ele não tem a menor condição de tocar um instrumento como eu. Não que eu toque muito, mas razoavelmente. Ao me perguntar se ele tem condições eu respondo sinceramente que conseguirá com limitações. Sem medo que ele desista de estudar, porque eu perderia um aluno. E por incrível que pareça os alunos que têm menos condição motora são os que mais tempo permanecem estudando. Aqueles que têm mais habilidade são os que por menos tempo estudam. Que ironia, mas é assim. Dou aulas de música há muitos anos e é isso que constatei nos alunos.

Não importa o que você vai perder. Sua arte precisa ser uma verdade e não uma cópia por identificação ou assemelhação. Desista de ser o que você não é. Um caso bíblico que conhecemos é o de Gideão. Ele se sentia pequeno, mas não era. Ele se sentia totalmente desmoralizado e abandonado. Gideão pensava que não haveria futuro para ele e que só lhe restava viver se escondendo e em constante alerta de guerra, uma guerra que ele sabia que já estava perdida, era só uma questão de tempo.

Desta forma o anjo lhe apareceu e deu sentido a vida dele. Primeiramente, o anjo falou tudo o que ele realmente era para Deus. Comunicou-lhe suas qualidades, contudo Gideão recusava-se a aceitar aquela visão que Deus dizia ver nele.

Que coitadinho. Olhando para a sua vida agora e após você se vê apenas um clone por identificação ou por semelhança, o que você diria? "Estou acabado, eu não tenho conteúdo e não possuo uma música que eu possa dizer que é minha".

Gideão se viu assim também, no ditado popular brasileiro quem não tem cão, caça como gato. Gideão estava usando ferramentas erradas em peças erradas com uma postura errada. Por que usar o exemplo de Gideão e não de um músico como Davi? Porque não temos um registro de um momento em que Davi tenha se visto sem condições de vencer o mal. Quando ele se via sem forças ou no estado miserável de pecado ele mesmo reagiu e buscou a Deus. O anjo nunca apareceu a Davi para dizer que ele deveria sair da depressão e parar de se depreciar. Davi não era este tipo de pessoa. Gideão é o nosso homem, ele passou por este inferno.

O anjo chamou Gideão de "homem muito amado", "valoroso" e que ele dispunha da maior e melhor companhia do universo, o anjo disse a ele: "O Senhor é contigo!" Se Gideão fosse um dos tipos de clone abordados aqui – o que ele não foi, pois reagiu ao chamado de Deus – ele seria a representação do que a maioria dos clones fazem, com as mesmas atitudes egoístas, medrosas e repetidas. Realizando as mesmas coisas, sempre esperando inutilmente um resultado diferente. É o que fazem os clones. Repetem tudo anos após anos acreditando que algo de diferente lhes ocorra. Ilusão!

Gideão não criou uma ilusão, ele vivia ao máximo a realidade miserável que poderia viver. A história é muito clara. Ele deu um passo sacrificial e isso não foi o bastante. O anjo lhe falou que se ele desejasse a vitória sobre os inimigos deveria fazer algo diferente, não era algo extraordinário, mas diferente. Eu diria que seria algo extraordinário se Gideão por iniciativa própria oferecesse o segundo boi (Juízes 6:25). Foi algo apenas diferente, porque o Anjo o orientou a dar o segundo boi.

Deixar de trilhar os mesmos caminhos, deixar de pensar as mesmas coisas. Deixar de desejar o que todos desejam e procurar as coisas superiores de Deus. Jesus revela algo que é contrário à natureza da maioria dos crentes, diferente do que a grande parte dos crentes pensa em fazer. Que é 'esforço certo'. Não adianta pescar onde não há peixe. Jesus afirmou que o reino de Deus é tomado por esforço e aqueles que se esforçam se apoderam dele (Mateus 11.12). Isso é um esforço focado e não fragmentado.

Gideão teve que se esforçar, de início ele disse: "Que boi eu vou dar?" O anjo foi enfático. Deus não pede algo que não podemos dar. Mas Deus pede o que é difícil de ofertar. Entregue o seu segundo boi, ande mais uma milha.

Deixar de ser um clone pode ser uma tarefa impensada, mas realizável. O povo que saiu do Egito teve um grande problema. Eles passaram muito tempo na condição de escravos. E um escravo não tem liberdade. E quem não sabe o valor da liberdade sente saudades das cebolas do Egito. Um escravo não possui um raciocínio livre, tudo para ele é limitado. Não há o sentimento de justiça porque um escravo não tem direito algum.

Para deixar de ser um clone é preciso deixar de pensar como um. Uma tarefa difícil para quem tem o sistema de crenças comprometido com o pensamento de consciência uniexistencial, ou seja, que só pode viver se for desse jeito.

Crescer e amadurecer:

- Você pode relacionar alguns artistas ou grupos que se parecem com outros do meio secular?
- Em quais características eles são semelhantes?
- Em quais características eles se distinguem do reino de Deus?
- Você ministra louvor imaginando que está reproduzindo o momento que viu no CD ou DVD do artista que está se espelhando? O que está errado em fazer isto?
- O que você pode fazer para mudar esse comportamento?
- Você possui um coração ensinável?
- Você está disposto a cultivar um coração ensinável agora?
- Em que atitudes você se assemelha ao Clone exposto?

Transformar e influenciar

Durante a leitura e meditação o Espírito Santo lhe mostrou se há:

- algum pecado para confessar e abandonar?
- alguma promessa de que poderia tomar posse?
- alguma estratégia para adotar?
- alguma bênção que possa desfrutar?
- algum conceito que é preciso reavaliar?
- alguma falha a partir da qual se possa tirar lições?
- alguma vitória que deva alcançar?

- algum novo pensamento sobre o ministério que tem desenvolvido?
- alguma descoberta espiritual sobre Deus, o Senhor Jesus, o Espírito Santo, Satanás, o homem?
- alguma verdade que tenha tido grande influência sobre você?
- alguém que tenha que pedir ou liberar perdão?
- alguma nova postura de ministro com identidade?
- alguma atitude de clone que deva deixar?

7

Fazendo o que um clone não faria

Deus nos deu o raciocínio e ele é pouco usado pelos crentes que interpretam mal o texto que diz que o justo viverá pela fé (Hebreus 11). É quase deprimente a falta de questionamento na escolha que o povo faz ao aceitar que tipo de louvor irá encher suas igrejas. Às vezes um cântico é tão vazio que eu tenho vontade de chorar.

E quantas outras situações nós observamos nas quais os crentes agem como se inteligência alguma houvesse. No planejamento financeiro, no ministério pessoal, na preparação de uma pregação. Realmente muitos grupos de evangélicos se distanciam cada dia mais de outros grupos mais informados. E como eu sempre digo "informação é poder".

Sabedoria nada tem a ver com inteligência, contudo parece que há uma consciência coletiva anestesiada e manipulável que nada faz para mudar sua situação, seus pensamentos, suas atitudes para colher frutos melhores. Os clones impedem até que outros possam mudar e crescer.

Para ter condições de se chegar ao sol é preciso agir com inteligência. Que é ter um plano. E a sabedoria ficaria com a responsabilidade de alterar o plano, se necessário for. O Espírito Santo age diretamente em nosso espírito, pelo qual somos orientados e podemos dar o passo certo em decorrência da direção. O Espírito Santo poderá usar nossa experiência se a tivermos, se não, ele mostrará por outros sinais.

Já a nossa inteligência é influenciada pelo preparo natural e pela informação.

Vamos fazer o que um clone não faria? Então vamos começar com a importância da visão.

O que é visão?

Antes de eu lhe dizer a minha opinião sobre o que significa visão eu gostaria de saber – isso não é possível aqui – mas faça de conta que você está conversando pessoalmente comigo. Agora explique o que significa visão para você?

Tudo bem, agora eu quero que você anote o seu conceito atual e compare com o que vou lhe falar.

Visão é um conceito de metas pessoais. Isto é, uma imagem bem definida do que você pode ser e fazer. Quando um ministro tem uma visão a respeito de sua carreira, na realidade ele está visualizando mentalmente o que pode vir a ser o seu futuro. Onde ele pode chegar fazendo o que faz.

Muitas pessoas não sabem definir o conceito de visão. E erram pensando que visão seja uma nova forma de viver o evangelho ou modo de administração de comportamento e de pensamento. Isso é a parte periférica que orbita um núcleo. O âmago é a imagem do seu potencial.

A visão vem de Deus. Ela não brota de nossa esperteza. A Bíblia diz que todo dom perfeito vem de Deus (Tiago 1.17). Uma visão perfeita vem de Deus, embora não há perfeição no que podemos fazer por mais que nos esforçamos em uma tarefa.

Somos perfeitos em Cristo, pois nEle nossa obra é purificada, modificada e apresentada a Deus perfeita. Nada imperfeito chega à presença de Deus para agradá-lo. Dividimos a nossa vida em camadas e colocamos Deus a par de nossa visão em relação às coisas ligadas ao seu reino, porém deixamos Deus de lado em nossa visão secular. Quer um exemplo?

O dízimo é de tudo o que passa em nossas mãos. Certo? Então por que não dizimamos o que passa em nossas mãos quando uma empresa é só nossa ou temos sociedade? Porque separamos nossa visão eclesiástica da nossa visão secular. De quem é a empresa? Sua? Então você tem um problema agora amigo, pois já sabe e não há mais desculpa para o seu pecado (João 15.22). Muitos entregam o dízimo da retirada de sustento de suas casas e isso está errado já que a empresa é sua.

Se você for sócio dizime somente a sua parte, não é peso, é adoração obediente. Um dia desses, você terá uma empresa somente sua. Quem sabe? O Senhor o honrará, faça do jeito certo. Se você fizer do jeito de Deus não tem como dar errado.

É isso que eu chamo de visão! Mas se você ainda pensa diferente você é tendencioso e sua vida secular está separada da vida espiritual e um dia a conta chegará. A Bíblia diz que o salário do pecado é a morte (Romanos 6.23). O diabo inesperadamente depositará de uma só vez o salário na sua conta e nada do que você fizer poderá impedir, porque foi uma escolha sua. Você está escolhendo separar Deus da sua vida secular. O Senhor deve governar toda a nossa vida.

Sem uma visão você é um clone. Um clone pode dirigir um louvor muito bem, mas somente alguém que tem uma visão pode motivar seu grupo a vencer barreiras e executar mudanças que produzam reais transformações e benefícios duradouros.

Sem compreensão da visão seus companheiros de ministérios não darão crédito ao seu projeto e a sua carreira. Eles precisam sonhar com você e nada melhor do que fazê-los compreender levando-os a assimilar a visão. Leve seus liderados, músicos ou companheiros de ministério, enfim, aqueles que estarão com você no seu empreendimento através da clara comunicação. Não seja prolixo, mas direto. Todas as vezes que tentamos explicar deixamos as pessoas com dúvidas. Simplesmente não tente explicar. EXPLIQUE!

Para você mesmo visualizar muito definidamente sua própria visão é necessário compreender o potencial que possui diante de Deus. Com a certeza de que Deus o criou para um propósito específico, o qual esteja claramente evidenciado em sua mente. E que você está disposto a cumprir até o fim a sua missão.

Comece atuando em função de sua visão e as pessoas que compartilham do seu sonho seguirão você, elas o ajudarão. Deus levanta uns para ter uma visão e outros para colaborar com Deus para que a visão que o Senhor deu a outro cumpra o propósito que Deus planejou. Comprometa-se totalmente com a sua visão.

Solitude não é uma ação muito praticada hoje em dia. As pessoas gostam de estar na multidão. O líder deve escolher um momento para ouvir a Deus separado e distante de qualquer influência. O clone não tem este momento porque ele sempre sabe o que fazer: copiar. Mas aquele que possui uma identidade não sabe toda hora o que fazer. Ele é humano e sempre depende do Espírito Santo para aconselhá-lo.

O apóstolo Paulo tinha uma identidade sem igual e muitas vezes ele entrava convicto em algumas cidades para pregar a palavra de Deus. O Espírito Santo o enviou ali, mas de repente o Espírito Santo dizia para Paulo sair daquela cidade. Paulo não discutia ou questionava com o Espírito Santo, ele dependia dessa orientação e seguia seguramente.

Quem tem identidade é flexível e depende da bússola do Espírito Santo. O clone tem uma teimosia que parece ser uma virtude, mas ele segue seu instinto.

Mesmo naqueles momentos que temos uma crise de objetivos podemos, por meio da identidade, aguardar uma direção segura. Podemos ser pessoas com ótimos objetivos e sermos bons, dedicados, amorosos e sinceros. Mas devemos entender que todo impasse precisa passar pelo crivo do tempo. E Deus dará os sinais certos para excluirmos as metas que são distrações e firmar o foco naquilo que é realmente necessário.

Você tem uma visão e sabe de onde ela veio e que você é plano de Deus para realização dela? Agora mais uma pergunta. Você tem metas para que sua visão se cumpra? Sua visão nunca se tornará realidade a não ser que constitua objetivos claros e definidos para tornar realidade a sua visão.

Muitos anos podem passar e sua visão ainda ficar totalmente intacta da mesma forma como ela foi concebida. Se você não tiver traçado metas e um programa para que sejam colocadas em prática sistematicamente tudo ficará estagnado. Um clone não sabe como fazer isso.

Ao estabelecermos as metas é necessário estabelecer um programa para cumpri-las em cronograma sequencial. Todas as metas e o programa devem ser reavaliados e adaptados conforme surgir alterações e circunstância com o objetivo de manter o andamento contínuo do projeto. A visão não deve ficar parada.

A implementação do programa de andamento das metas pode trazer o sucesso de cada parte desde que haja desenvolvimento quantitativo, algo que se possa medir. Se não, seu sonho será apenas um sonho.

Primeiro passo: *Depois de compreender a visão, "estabelecer metas"*. Estabelecer metas não é apenas escrever em um papel ou colocar lindos slides no Power Point. Não basta dizer que se deseja concretizar um plano, é preciso dar andamento. A realização poderá levar anos, por isso a visão deve ser dividida em partes para que você tenha degraus claros para subir de tempos em tempos.

Segundo passo: *Especificar os objetivos.* Um clone diz: "Meu objetivo é adorar a Deus" e isso é muito bom, é lindo! Entretanto é apenas uma declaração de sua função ou desejo. É totalmente insatisfatória esta ideia. O que falta são os passos que o conduzirão à realização da visão.

Terceiro passo: *Controlar as metas.* Se você não tiver o controle não poderá dar passos contínuos. Então seus objetivos devem possuir características que permitam que você possa medi-los. Se você tiver o objetivo de "tocar muito um instrumento" não significa que pode controlar isso. Então você deve traçar metas mensuráveis como: Minha meta é poder tocar e cantar 10 músicas novas este mês. Se você, no final do mês, tocar 7 músicas novas saberá que avançou, contudo não no número que planejou. Foi um bom crescimento, porém não alcançou a sua meta. Assim você pode controlar não somente o que é realizado, mas também quando é realizado.

Quarto passo: *Traçar objetivos que possam ser atingidos.* Se você é um pedreiro e o seu sonho é ser um violinista não pode esperar que chegue a ser um solista. Eu já sou um homem adulto e mesmo que tenha a meta de fazer ginástica olímpica jamais conseguirei ser um atleta olímpico, só se for da segunda idade. Desista de querer fazer coisas impossíveis.

Você deve ter objetivos grandes, mas que sejam atingíveis. Ore e deixe Deus produzir objetivos que você possa alcançar. Se o Espírito Santo dirigir você no estabelecimento de metas saiba que poderiam ser alcançadas por seus próprios esforços e recursos. Contudo com a dependência de Deus poderá chegar ao destino.

Quinto passo: *Traçar objetivos concretos que possam ser atingidos pelos recursos de que você dispõe.* Ao invés de dizer que sua meta é de gravar 4 CDs em um ano, seria melhor dizer; eu vou gravar 1 CD, pois você deverá colher os recursos financeiros, saber quantos ministérios você deverá visitar para compartilhar a mensagem do CD de forma satisfatória e se qualificar musicalmente para um próximo trabalho.

Sexto passo: *Alcançar alvos tangíveis, porque em nossos objetivos estão os pormenores que são intangíveis.* Os detalhes intangíveis são modificados ao alcançarmos os tangíveis. Veja que se você é bravo e genioso como poderá alcançar o objetivo intangível em ser pacífico e manso apenas dizendo que possui a paciência e a mansidão? Embora empregue energia em mudar isso, como você saberá que alcançou serenidade e o autocontrole? Neste caso é melhor você colocar alguns objetivos tangíveis que possam produzir serenidade e mansidão. Então veja como pode ser isso.

Poderia dizer que:

- Nos próximos sete dias não serei áspero com meus filhos.
- Conversarei educadamente quando a minha esposa disser que precisa pagar uma conta que não estava no meu planejamento financeiro deste mês.

- Não serei ríspido e agressivo quando me perguntarem se é para fazer uma tarefa que já estava planejada em meu ministério.
- Serei amável e compreensivo na primeira oportunidade que eu for contrariado.
- Terei um tempo para realmente ler a Bíblia com entendimento.
- Toda a primeira semana de cada mês eu dedicarei o melhor dia de vendas do meu negócio para a obra de Deus como oferta.
- Vou entrar nos locais sorrindo em vez de franzindo a testa.

Executar objetivos tangíveis é a única forma de conseguir vencer dificuldades relacionadas com eles. Esse é o melhor método de alcançar as metas intangíveis.

Um clone faz por fazer, sem muitas vezes saber detalhadamente as implicações da cada item abordado aqui. A pessoa que possui identidade saberá buscar minuciosamente destacar-se na sua carreira e ministério, descrevendo sua visão, sabendo a sua divina origem e tornando-a compreendida por todos que estarão engajados com ele. Ele listará suas metas e trabalhará em sua execução específica, mensurável, atingível, realista e tangível.*

Todas as nossas metas deverão ser baseadas em nossos próprios atos. Eu já fiquei muito frustrado esperando

---

* HAGGAI, John. Seja um líder de verdade. 1. ed. Belo Horizonte: Betânia, 1990, p. 56.

por alguém e que, por uma razão ou outra, não chegou e trouxe sérios danos aos projetos.

Outra coisa é esperar que alguém desempenhasse o seu papel executando suas tarefas e o desempenho foi fraco em relação ao que você esperava. Podemos ser também responsabilizados por não efetuar um treinamento ou reuniões periódicas para detectar possíveis lapsos de continuidade nas metas. Você mesmo deve ter vivenciado este tipo de transtorno.

O mais indicado é estabelecer metas que dependam somente dos fatores que estão sob o seu controle. Ou daqueles que estão engajados e compromissados com a visão.

Não limite a Deus. Não coloque limites no que pode ser feito. Deixe sua mente livre para elevar-se. Dissipações passadas podem desfocar a sua visão.

Crescer e amadurecer:

- O que impede você de crescer? A falta de informação, a falta de estudo, a falta de ferramentas?
- Qual é a diferença entre inteligência e sabedoria?
- Qual o campo de atuação de cada uma?
- Qual o conceito de 'visão'?
- De onde vem a visão do ministro com identidade e a visão do clone?
- O que é necessário para os seus companheiros de ministério darem crédito a sua visão?
- Por que a solitude é importante?
- Você usaria os passos para traçar metas e sua execução ou não acha necessário?

Transformar e influenciar

Durante a leitura e meditação o Espírito Santo lhe mostrou se há:

- algum pecado para confessar e abandonar?
- alguma promessa de que poderia tomar posse?
- alguma estratégia para adotar?
- alguma bênção que possa desfrutar?
- algum conceito que é preciso reavaliar?
- alguma falha a partir da qual se possa tirar lições?
- alguma vitória que deva alcançar?
- algum novo pensamento sobre o ministério que tem desenvolvido?
- alguma descoberta espiritual sobre Deus, o Senhor Jesus, o Espírito Santo, Satanás, o homem?
- alguma verdade que tenha tido grande influência sobre você?
- alguém que tenha que pedir ou liberar perdão?
- alguma nova postura de ministro com identidade?
- alguma atitude de clone que deva deixar?

8

As regras das oportunidades

Um clone vê todas as circunstâncias como oportunidades, isso me faz lembrar uma piada que ouvi de um irmão da Igreja Batista. Eu a escrevi em outro livro meu, e eu acho propícia contá-la aqui. Ela ilustra bem este espírito do clone.

Três evangélicos morreram e caíram no inferno (eu não me atrevo a escrever suas denominações). Cada um tinha suas convicções teológicas. O primeiro cria que o crente perdia a salvação. O segundo defendia que o crente era predestinado e o terceiro que tudo tinha um propósito. O segundo, quando se viu no inferno com os outros dois, logo foi questionando os outros e perguntou ao primeiro o que ele estava fazendo lá, que imediatamente respondeu:

– Não vigiei e perdi a salvação! – Mal terminara de responder devolveu a pergunta para o segundo que prontamente respondeu:

– Eu já estava predestinado ao inferno. – Os dois olharam para o terceiro e em uníssono perguntaram:

– E você o que está fazendo aqui? – O terceiro muito acalorado respondeu:

– Eu não sei o que aconteceu, mas talvez Deus esteja me oferecendo uma oportunidade e Ele quer abrir uma base missionária ou espiarmos a terra, afinal para tudo Deus tem um propósito!

É assim que um clone pensa. Não há circunstância em que Deus não esteja oferecendo uma oportunidade para ele se promover. Eu admito mais uma vez, eu já perdi dezenas de oportunidades. E eu lamento perdê-las e procuro deixar um registro de tudo o que aconteceu antes de uma oportunidade se apresentar. Infelizmente eu perdi muitas e o tempo não volta.

A Bíblia está recheada de pessoas que perderam a visitação de Deus. Jerusalém deixou escapar a paz, quando Jesus a olhava a distância cantava este lamento: "*Quando ia chegando, vendo a cidade, chorou e dizia: Ah! Se conheceras por ti mesma, ainda hoje, o que é devido à paz! Mas isto está agora oculto aos teus olhos. Pois sobre ti virão dias em que os teus inimigos te cercarão de trincheiras e, por todos os lados, te apertarão o cerco; e te arrasarão e aos teus filhos dentro de ti; não deixarão em ti pedra sobre pedra, porque não reconheceste a oportunidade da tua visitação.*"(Lucas 19.41-44)

E isso acontece todos os dias em escalas diferentes com todos os cristãos do mundo todo. Muitas das oportunidades perdidas nunca mais voltarão. Eu repito. Nunca mais voltarão! Uma oportunidade perdida é uma oportunidade perdida mesmo depois de arrepender-se. Eu conheço tantos exemplos de pessoas próximas a mim, eu mesmo tenho muitos. Uma oportunidade perdida poderá ser reconhecida somente após alguns anos. Lamentavelmente Deus não fica esperando sua boa vontade nem a minha.

Mesmo que você seja muito talentoso, uma oportunidade deve ser encarada como um momento único. Poderão vir outros momentos únicos desde que você saiba extrair o melhor de uma oportunidade mesmo que ela seja pequena.

Podemos classificar hoje dois tipos de oportunidades. Primeiro a que é favorável. E a segunda aquela que é contrária. Outro irmão poderá descrever isso diferente e melhor do que eu. Mas aqui quero colocar minha experiência pessoal.

Ouvi uma pregação sobre algumas atividades que se apresentam como urgentes e outras que são prioridades. E as urgentes podem ser distrações para você se ocupar e perder a oportunidade que virá. Estando envolvido com um grande desafio deixará facilmente a oportunidade relacionada especificamente com a sua visão passar despercebida.

E hoje como eu lamento isso. Hoje estou mais maduro e experiente, consigo considerar as oportunidades que deixei passar. Eu estava envolvido com um grande desafio, acreditando que era a vontade de Deus enquanto esperava que uma oportunidade favorável viesse me encontrar com a minha identidade. Eu me ocupei com uma tarefa sublime, mas não era para me envolver da forma que me envolvi.

Considerando que temos somente um processo mental deixei o processo espiritual encarregado apenas em desenvolver uma missão específica. Eu deveria permitir que me afastasse de tempos em tempos para avaliar se o que eu estava me ocupando era parte das minhas metas para executar minha missão.

Totalmente envolvido na obra de Deus usei o meu potencial secundário numa frente de trabalho por anos. Embora nestes anos todos de trabalho eu pudesse dar muitos bons frutos eu acabei deixando passar o tempo e não desenvolvi o meu "principal" potencial. E isso é deixar passar a oportunidade.

As oportunidades favoráveis são aquelas em que obtemos sucesso e êxito em desenvolver nossos dons e talentos mediante o fluir constante de condições favoráveis. Isso é muito difícil, mas acontece. Podemos presenciar mais facilmente no nível pessoal do que coletivo. Pois é mais fácil você estudar e tocar um instrumento do que levar um grupo de pessoas a estudar para tocar instrumentos.

Flui muito facilmente um projeto em que só dependa de você do que um projeto que envolva várias pessoas. O que é mais fácil ensaiar, um solo ou um coral? É claro que um solo, mesmo que seja você cantando e uma banda tocando. Ensaiar um coral é mais dispendioso. As pessoas têm outras atividades e chegam atrasadas, nem todos têm o mesmo entusiasmo e habilidade. Mesmo que todos sejam músicos haverá obstáculos para deixar as vozes bem harmonizadas, as entradas e finais.

Ao analisarmos como as regras das oportunidades são espiritualmente estabelecidas notamos que Deus não aprecia chamar duas vezes ou oferecer a mesma oportunidade para a mesma pessoa. Nós, como ministros da música, já ouvimos dezenas de vezes o caso de Saul.

Observe que Saul não teve uma segunda chance de ser rei. Assim que ele desobedeceu ao profeta um novo rei foi escolhido por Deus. Não houve uma segunda oportunidade. O rei babilônico também não teve uma segunda oportunidade de reparar o dano. *"Tu, Belsazar, que és seu filho, não humilhaste o teu coração, ainda que sabias tudo isto. E te levantaste contra o Senhor do céu, pois foram trazidos os utensílios da casa dele perante ti, e tu, e os teus grandes, e as tuas mulheres, e as tuas concubinas bebestes vinho neles; além disso, deste louvores aos deuses de prata, de ouro, de bronze, de ferro, de madeira e de pedra, que não veem, não ouvem, nem sabem; mas a Deus, em cuja mão está a tua vida e todos os teus caminhos, a ele não glorificaste"* (Daniel 5.22-23).

Você pode dizer que teve uma segunda chance para cargos altos, mas para posições de menor prestígio, Deus oferece outra oportunidade. Amigo, isso não existe na Bíblia! Você conhece a parábola dos talentos? Todos receberam diferentes recursos financeiros para trabalhar. Cada um recebeu de acordo com que poderia negociar. Um recebeu uma grande quantidade conforme seu status e prestígio e outro recebeu de acordo com sua humilde posição. Veja Mateus 25.14-28. "*Pois será como um homem que, ausentando-se do país, chamou os seus servos e lhes confiou os seus bens. A um deu cinco talentos, a outro, dois e a outro, um, a cada um segundo a sua própria capacidade; e, então, partiu. O que recebera cinco talentos saiu imediatamente a negociar com eles e ganhou outros cinco. Do mesmo modo, o que recebera dois ganhou outros dois. Mas o que recebera um, saindo, abriu uma cova e escondeu o dinheiro do seu senhor. Depois de muito tempo, voltou o senhor daqueles servos e ajustou contas com eles. Então, aproximando-se o que recebera cinco talentos, entregou outros cinco, dizendo: Senhor, confiaste-me cinco talentos; eis aqui outros cinco talentos que ganhei. Disse-lhe o senhor: Muito bem, servo bom e fiel; foste fiel no pouco, sobre o muito te colocarei; entra no gozo do teu senhor. E, aproximando-se também o que recebera dois talentos, disse: Senhor, dois talentos me confiaste; aqui tens outros dois que ganhei. Disse-lhe o senhor: Muito bem, servo bom e fiel; foste fiel no pouco, sobre o muito te colocarei; entra no gozo do teu senhor. Chegando, por fim, o que recebera um talento, disse: Senhor, sabendo que és homem severo, que ceifas onde não semeaste e ajuntas onde não espalhaste, receoso, escondi na terra o teu talento; aqui tens o que é teu. Respondeu-lhe, porém, o senhor: Servo mau e negligente, sabias que ceifo onde não semeei e ajunto onde não espalhei? Cumpria, portanto, que entregasses o meu dinheiro aos banqueiros, e eu, ao voltar, receberia com juros o que é meu. Tirai-lhe, pois, o talento e dai-o ao que tem dez.*"

Estas são algumas oportunidades que fluem facilmente. E como eu comentei, existem aquelas oportunidades que fluem em meio às adversidades. Elas se parecem com aqueles problemas matemáticos que demandam muita atenção para resolvê-los. É um presente embrulhado numa embalagem de problema insuperável, mas que na verdade são oportunidades disfarçadas.

Deus habilidosamente embrulha algumas oportunidades em pacotes com aparência de "abacaxis a serem descascados". E isso ninguém deseja. Se pudéssemos fazer uma frase sobre a parábola dos talentos poderíamos dizer que a 'moral da história' é 'Seja fiel no pouco problema que no muito problema te colocarei'.

Sobre esta parábola, alguns pregadores transmitem uma mensagem distorcida. Pregam sem estudar os detalhes. Eu já ouvi dezenas deles pregarem a seguinte mensagem: "Seja fiel no pouco que no muito o Senhor te colocará!"

Se você passou os olhos no texto extenso que propositadamente coloquei acima perdeu o detalhe da mensagem. Leia agora o verso 23. *"Disse-lhe o senhor: Muito bem, servo bom e fiel; foste fiel no pouco, sobre o muito te colocarei; entra no gozo do teu senhor."*

Percebeu a diferença? Note o detalhe: - *"... foste fiel no pouco"*.

Aqui mostra claramente que, primeiro o servo deu prova que é fiel. Você é fiel? Você dá prova da sua fidelidade?

Nenhuma pessoa em sã consciência desejaria um problema, entretanto resolver um problema pode abrir uma porta maravilhosa. O clone vê as oportunidades apenas como pontes para concretizar a sua visão. Mas o indivíduo que possui identidade aproveita o máximo das oportunidades que lhe são apresentadas. Elas não são apenas para subir na carreira, mas para as principais e mais íntimas necessidades humanas.

O ministro com identidade aproveita as oportunidades para se arrepender de pecados cometidos contra Deus e contra outras pessoas. Também as emprega adequadamente no uso do perdão. Ele aproveita as oportunidades para liberar perdão em amor. Ele aproveita para reparar um erro e para admitir suas fraquezas.

Ao admitir sua imperfeição, o ministro com identidade aproveita a oportunidade para redirecionar a sua vida para que desenvolva o que estava faltando. Ele encara os erros positivamente em humildade. Não apresenta nenhuma justificativa porque ele sabe que de nada adiantará. Ao contrário, as justificativas apresentam uma inocência que não há. Quando pecamos não somos inocentes. Quando erramos não somos inocentes.

Escrevendo assim, pode aparentar que o clone não tem sentimento. Sim, ele tem. Ele é sensível, pode se mostrar irritadiço e orgulhoso. Também pode ser extremamente humilde. Mas o que ele não tem é identidade que o distingue dos seus outros iguais. Sua identidade é uma cópia de alguém ou de alguma coisa. Apenas tem o desejo de viver o momento.

O primeiro caso que conhecemos no mundo físico de desperdiçar uma oportunidade foi de Adão e Eva. Deus deu a eles todos os frutos de todas as árvores do jardim, porém eles quiseram experimentar o fruto da árvore do conhecimento do bem e do mal. Perderam todas as outras. Que escolha péssima! Esse foi o primeiro caso e o último não será o seu ou o meu.

Deus deu a Davi muitas mulheres e concubinas, mas ele quis a esposa de Urias. Deus deu uma promessa a Jacó, mas sua mãe desejou fazer a oportunidade. E isto é outra armadilha em que caímos facilmente. A Bíblia diz que devemos conquistar, entretanto, algumas bênçãos nós devemos confiar que elas nos alcançarão como prometido em Deuteronômio 28.

Por isso, o discernimento é a melhor ferramenta para saber se devemos ir até a bênção ou confiar em Deus de que ela chegará pontualmente até nós. Não devemos pecar para que a graça superabunde, não conte com o perdão e com outra oportunidade pensando premeditadamente em perder uma oportunidade no presente.

Ninguém pode criar uma onda, somente a natureza. Aquelas das piscinas são ondas artificiais que dependem de energia fabricada. As ondas do mar são o resultado natural das marés, da lua e dos ventos. Se nós perdermos uma onda, perdemos uma oportunidade. Não existe esforço suficiente para criar outra.

Então cabe a você e a mim pegar a onda. É necessário que peguemos muitas ondas porque nem todas nos impulsionarão com força. Elas servem como treino até aprendermos como escolher aquelas mais propícias. Eu creio que são experiências contributivas para que você possa praticar, aproveitar, desfrutar e favorecer o movimento natural das oportunidades em sua vida.

Crescer e amadurecer:

- Todas as oportunidades são portas abertas?
- Você conhece alguém que perdeu a oportunidade de sua vida?

- O que são prioridades e o que são urgências?
- Desenvolva quatro princípios da oportunidade.

Transformar e influenciar

Durante a leitura e meditação o Espírito Santo lhe mostrou se há:

- algum pecado para confessar e abandonar?
- alguma promessa de que poderia tomar posse?
- alguma estratégia para adotar?
- alguma bênção que possa desfrutar?
- algum conceito que é preciso reavaliar?
- alguma falha a partir da qual se possa tirar lições?
- alguma vitória que deva alcançar?
- algum novo pensamento sobre o ministério que tem desenvolvido?
- alguma descoberta espiritual sobre Deus, o Senhor Jesus, o Espírito Santo, Satanás, o homem?
- alguma verdade que tenha tido grande influência sobre você?
- alguém que tenha que pedir ou liberar perdão?
- alguma nova postura de ministro com identidade?
- alguma atitude de clone que deva deixar?

9

Vencendo toda a rivalidade

A rivalidade é a oposição ao que é puro e santo. O clone luta para chegar ao seu objetivo a sua maneira, mas o ministro com identidade é observador da palavra e se comporta como um ministro da multiforme graça de Deus. Para servir a essa graça, cumprindo sua missão em amor, é necessário desprezar todo o conceito de ministério que está contaminado e influenciado pelo espírito de apostasia que tenta tirar os princípios inegociáveis do louvor e da adoração. Incutindo a mentalidade da adaptação do nosso tempo e época.

Sugiro que você adquira meu outro livro intitulado: "Princípios inegociáveis de louvor e adoração".

Com o subtítulo:

"Novo, com arte e vivo"

Cantai-lhe um cântico novo; tocai bem e com júbilo.

Salmo 33.3

Este livro é muito útil sobre este assunto.

O principal conceito é imprimir uma imagem de que deve ser feita concessões para poder transmitir o evangelho de forma eficaz. Entretanto, é um plano engendrado pelo diabo com o objetivo de distanciar os ministros da origem. Com esse distanciamento, o tempo se encarregará de estabelecer as novas regras para se fazer louvor e adoração à moda do nosso século, o século vinte e um.

Modernidade, desenvolvimento do ser humano e transformações são inevitáveis, contudo o princípio jamais sofrerá qualquer alteração. O princípio é a Palavra de Deus.

Aceite minha sugestão de avaliar o seu ministério, seu trabalho, envolvimento, alvos, vida espiritual. Tome agora um lápis e anote o nível do seu poder de vencer esta rivalidade com os clones.

Avaliação direta - Autoclassificação

Antes de pensar sobre o futuro, você deve avaliar o que está 'fazendo' e 'como está' o seu ministério hoje. No final, o resultado será comparado aos textos bíblicos que estão relacionados com a soma dos seus pontos.

- Ao responder pense se seria esta a mesma nota que o seu pastor ou líder daria a você.

- Não use nenhum tipo de desculpas ou forje argumentos evasivos.
- Seja exato e sincero.
- Não culpe a falta de instrumento, de espaço, de dinheiro, de tempo, de incentivo etc.
- Não é para responder baseado 'pela fé', como se você fosse fazer 'de hoje em diante', mas a sua 'realidade de hoje'.
- Muito importante você usar também a nota zero.

De 0 a 5, classifique qual nota você daria:

a) Ao seu desenvolvimento específico do ministério pessoal? ☐
b) Ao uso dos dons pessoais na igreja? ☐
c) À aplicação dos talentos pessoais na igreja? ☐
d) A sua constância em edificar sua igreja com seu ministério pessoal? ☐
e) A sua imagem como referência no seu ministério pessoal aos seus companheiros? ☐
f) A sua boa influência aos companheiros de ministério? ☐
g) Você reage ao incentivo que recebe? ☐
h) Ao que você está 'fazendo' em relação a sua 'vocação' ministerial? ☐
i) A sua vida espiritual pessoal? ☐
j) A sua fidelidade no geral, ações práticas como constância nos dízimos e frequência as reuniões? ☐

Um clone não tem coragem de anotar a sua realidade, sempre mascara e manipula resultados para parecer que está apto e produtivo.

Se você anotou com fiel transparência e fidelidade, parabéns você é um ministro com identidade. Mesmo que sua pontuação seja baixa, você está pronto para vencer!

Agora não seja melindroso com o que vai ler, receba como algo de Deus para você a fim de tirar você de uma posição menor e elevá-lo a uma posição de destaque para Deus e não para os homens.

Está preparado? Então vamos lá.

Some as notas dadas em cada item e coloque aqui: Total geral = ____________________

Se você fosse dar a si mesmo um conceito acerca de sua atuação, qual deles seria, de acordo com a lista abaixo?

Péssimo

Ruim

Insatisfatório

Regular

Mediano

Satisfatório

Bom

Excelente

Classificação pessoal = ____________________

Ainda não terminamos. Ao final deste capítulo você terá uma resposta realista do seu ministério pessoal.

Avaliação indireta – sendo avaliado por outro

Agora peça para o seu pastor ou líder ministerial responder as questões abaixo. Deixe que ele dê os pontos em cada item, faça isso separado da pontuação que você anotou anteriormente. Faremos uma comparação da forma que você se autoavalia e como o seu líder avalia você. Peça para seu pastor ou líder ler as linhas abaixo e seguir o que é sugerido.

"Caro pastor ou líder de ministério, avalie sua ovelha ou companheiro de ministério como segue:"

Pontue classificando o que ele está 'fazendo' e 'como está' o ministério da sua ovelha ou companheiro de ministério no presente momento. Por favor, use de total franqueza, não responda nada para agradá-lo ou 'pela fé' como se ele fosse fazer no futuro. Responda exatamente pelas atitudes e comportamento que vem tendo no ministério pessoal no presente. No final o resultado será comparado aos textos bíblicos que estão relacionados com a soma dos pontos dados pelo pastor ou companheiro de ministério.

- Não permita que seja influenciado pela amizade ou nível de relacionamento.

- Não use nenhum tipo de desculpas ou forje argumentos evasivos.
- Seja exato e sincero.
- Não culpe a falta de instrumento, de espaço, de dinheiro, de tempo, de incentivo etc.
- Não é para responder baseado 'pela fé', como se ele fosse fazer 'de hoje em diante', mas a 'realidade de hoje'.
- Muito importante que você use também a nota zero.
- Não tenha receio de responder, pois se este questionário chegou a sua mão, é porque quem está se submetendo não mudará a forma de tratamento ou ficará ressentido.

De 0 a 5, classifique qual nota você daria a sua ovelha, liderado ou companheiro de ministério:

a) A constância em edificar a igreja com seu ministério pessoal? ☐
b) A imagem como referência no seu ministério pessoal aos seus companheiros? ☐
c) A boa influência aos companheiros de ministério? ☐
d) O desenvolvimento específico do ministério pessoal? ☐
e) O uso dos dons pessoais na igreja? ☐
f) A aplicação dos talentos pessoais na igreja? ☐
g) O que ele está 'fazendo' em relação a sua 'vocação' ministerial? ☐

h) Reage ao incentivo que ele recebe? ☐

i) Sua vida espiritual pessoal? ☐

j) A fidelidade no geral, ações práticas como constância nos dízimos e frequência as reuniões? ☐

Some as notas dadas em cada item e coloque o total aqui: Total geral = ____________________

Agora dê a sua classificação a sua ovelha, liderado ou companheiro ministerial usando os conceitos a seguir:

Você acha que ele está?

Péssimo

Ruim

Insatisfatório

Regular

Mediano

Satisfatório

Bom

Excelente

Escreva aqui a classificação que deu à sua ovelha, liderado ou companheiro de ministério.

Classificação = ____________________

(Muito obrigado por ajudar no desenvolvimento ministerial de quem lhe pediu para avaliar. Agora devolva o livro a quem pediu que fizesse esta avaliação.)

Parabéns pela sua coragem e iniciativa. O livro de Provérbios 18.1 diz: *Quem não gosta de estar na companhia dos outros só está interessado em si mesmo e rejeita todos os bons conselhos.* Um clone só esta interessado em si mesmo. Ainda que aparente uma religião pura, isso não passa de um engano.

Volte ao início deste teste e responda o que você está deixando de fazer em cada item da lista de avaliação pessoal. Escreva ao lado das notas. (A lista que você respondeu – Avaliação direta – autoavaliação).

Compare a forma que você se autoavalia com a avaliação que o seu pastor, líder ou companheiro de ministério fez de você. Use tudo isso para repensar sua vida.

Pronto? Agora vamos seguir!

Avaliação Bíblica da pontuação

Veja a minha avaliação pessoal de como eu vejo cada fase da classificação em relação ao total geral. Você poderá usar tanto para a sua avaliação pessoal como para a avaliação que o seu pastor ou líder ministerial fez de você:

Se você somou de:

0 – 10 = Morto:

Apocalipse 3.1 *Ao anjo da igreja em Sardes escreve: Estas coisas diz aquele que tem os sete Espíritos de Deus e as sete estrelas: Conheço as tuas obras, que tens nome de que vives e estás* <u>*morto.*</u>

11 – 15 = Relaxado:

Jeremias 48.10 *Maldito aquele que é relaxado no serviço de Deus! Maldito aquele que guarda a sua espada para não matar!* NTHJ

16 – 20 = Negligente:

1 Timóteo 4.14 *Não te faças negligente para com o dom que há em ti, o qual te foi concedido mediante profecia, com a imposição das mãos do presbitério.*

21 – 25 = Inconstante:

Tiago 1.7-8 7 *Não suponha esse homem que alcançará do Senhor alguma coisa; homem de ânimo dobre, inconstante em todos os seus caminhos.*

26 – 30 = Servo inútil:

Lucas 17.10 *Assim também vós, depois de haverdes feito quanto vos foi ordenado, dizei: Somos servos inúteis, porque fizemos apenas o que devíamos fazer.*

31 – 35 = Em crescimento:

Colossenses 1.10 *a fim de viverdes de modo digno do Senhor, para o seu inteiro agrado, frutificando em toda boa obra e crescendo no pleno conhecimento de Deus.*

36 – 40 = Bom e fiel:

Mateus 25.21 *Disse-lhe o senhor: Muito bem, servo bom e fiel; foste fiel no pouco, sobre o muito te colocarei; entra no gozo do teu senhor.*

41 – 50 Padrão:

2 Timóteo 1.13 *Mantém o* <u>*padrão*</u> *das sãs palavras que de mim ouviste com fé e com o amor que está em Cristo Jesus.*

Depois de toda esta pontuação você pensa que tudo que se baseia em um nível de boa colocação está equivocado. O objetivo desta classificação é estabelecer metas de crescimento e desenvolvimento. A Bíblia não diz que aquele que estiver no nível de servo inútil que faz só o que é mandado fazer irá receberá seu lugar ao sol. Não é disso que se trata este livro nem a palavra de Deus. Não queremos crescer com Deus para receber coisas dEle. Desejamos crescer em Deus para corresponder à expectativa de Deus em relação a nossa missão. As demais coisas serão acrescentadas.

A palavra não nos ensina níveis. O que é claramente ensinado é que ou somos obedientes ou somos desobedientes. Ou somos fiéis ou infiéis. Ou somos adoradores ou somos idólatras.

O próximo passo é você vencer o desnível que porventura você se encontrar. Não se acomode ao que já conquistou em Deus, mas não saia do centro de Sua vontade para disputar posição mais confortável e favorável, ou de poder.

Crescer e amadurecer:

- O que é rivalidade?
- Você já enfrentou isso em um festival gospel?
- Como você agiu em frente ao ambiente da competição?

- Como você reagiu às pontuações?
- Quais são as atitudes a tomar para alcançar uma pontuação melhor?

Transformar e influenciar

Durante a leitura e meditação o Espírito Santo lhe mostrou se há:

- algum pecado para confessar e abandonar?
- alguma promessa de que poderia tomar posse?
- alguma estratégia para adotar?
- alguma bênção que possa desfrutar?
- algum conceito que é preciso reavaliar?
- alguma falha a partir da qual se possa tirar lições?
- alguma vitória que deva alcançar?
- algum novo pensamento sobre o ministério que tem desenvolvido?
- alguma descoberta espiritual sobre Deus, o Senhor Jesus, o Espírito Santo, Satanás, o homem?
- alguma verdade que tenha tido grande influência sobre você?
- alguém que tenha que pedir ou liberar perdão?
- alguma nova postura de ministro com identidade?
- alguma atitude de clone que deva deixar?

10

O amor sobre todas as coisas

Um clone pode fingir amor, mas o ministro com identidade ensina o amor autêntico. Um líder deve mais do que ensinar a palavra, deve ensinar o amor. Foi o que Jesus fez. Jesus deu a palavra, mas também deu o pão e o peixe e isso é uma evidência de que quem ama dá, oferece, favorece e proporciona.

Recentemente, vi em um desses sites de relacionamento um grupo de pessoas que compartilhavam da mesma insatisfação com um fórum cujo título era: É moda dizer eu te amo? Nós fazemos isso dentro do nosso modo de vida e de nossos relacionamentos. Dizemos amar sem, no entanto, ponderar as implicações dessa afirmação. Um clone sabe muito bem dizer isso, e às vezes até convence, mas quando o seu amor é posto à prova tudo evapora. (Não era minha intenção rimar)

Um clone mantém seus relacionamentos e ministérios pela popularidade ou força. Mas não por meio do amor. Um clone não se torna vulnerável, por isso ele não ama verdadeiramente. Quem ama sem reservas pode ser ferido. Ele fica vulnerável. Quando amamos verdadeiramente podemos ser atingidos pela traição, rejeição, decepção e muitas outras coisas negativas.

Quando ama verdadeiramente seus filhos, sua esposa, sua igreja, os seus irmãos você sofrerá desventuras. O verdadeiro amor não aumenta com a emoção ou diminui se a emoção faltar.

O amor está sob o domínio da minha vontade e não de circunstâncias que escapam ao meu controle. Amar é um ato da minha vontade. E não há desculpa para mim se eu disser que estou sem amor. Um clone tem a ausência do amor autêntico, mas o ministro com identidade reflete a identidade de Cristo que habita na sua vida.

O dom que Deus deseja que eu e você possamos desenvolver é o amor. Ele diz que devemos desenvolver os melhores dons, contudo, o amor deverá sempre ser o mais desejado e praticado. Por isso Jesus enfatizou que há um novo mandamento. *"Eu lhes dou este novo mandamento: amem uns aos outros. Assim como eu os amei, amem também uns aos outros"*. (João 13.34 - NTLH).

Como foi a intensidade e forma que Jesus amou você? Com paixão, desesperada e violentamente! Esta foi a forma que Jesus nos amou. Aquela cruz foi paixão, desespero violento. Este então é o padrão, qualquer outra forma é inferior. Jesus, em outra passagem, frisou o resumo de todo o nosso relacionamento com Ele. Mateus 22.36-40 diz: *"Mestre, qual é o mais importante de todos os mandamentos da Lei? Jesus respondeu: "Ame o Senhor, seu Deus, com todo o coração, com toda a alma e com toda a mente." Este é o maior mandamento e o mais importante. E o segundo mais importante é parecido com o primeiro: "Ame os outros como você ama a você mesmo." Toda a Lei de Moisés e os ensinamentos dos Profetas se baseiam nesses dois mandamentos."*

Primeiro o amor a Deus deve ser exclusivo. O clone é incapaz de amar somente a Deus em primeiro lugar, ele tem muitos amores no lugar de Deus. E a forma que você deve amar a Deus é com inteligência, esforço, emoção e com toda sua personalidade.

Segundo é amar os semelhantes. O amor próprio na medida correta é um padrão para você também amar aos outros. Como eu posso amar a mim mesmo? É valorizando a minha existência. Contribuir para solução das minhas necessidades, me desenvolvendo intelectualmente, exercitando minhas habilidades, desprezando tudo o que Deus despreza e amando tudo o que Deus ama. Agora estou pronto para valorizar os outros. Agora eu tenho o que oferecer. Amar a si mesmo é obedecer a uma ordem de Deus.

Agora eu posso dar continuidade ao processo. Antes de receber, devo procurar primeiro suprir aqueles a quem Deus coloca no meu caminho.

O amor não é somente para ser experimentado e sentido, mas para expressar ao nível da influência. Eu exalo o amor até que os meus semelhantes sejam contagiados com a minha experiência com o amor autêntico.

Por que Deus coloca o amor como o mais importante dom a ser praticado? Porque ele - o amor - é uma lei de Deus! Uma lei de Deus não poderá nunca ser alterada por nenhuma força no universo. O amor reflete a pessoa de Deus. E o texto que revela isto é de 1 Coríntios 13.13. *"Agora, pois, permanecem a fé, a esperança e o amor, estes três; porém o maior destes é o amor."*

Somente o amor permanece. Ele é eterno. A fé será consumada e no céu não precisaremos mais de fé. A esperança se cumprirá também. A fé e a esperança têm prazo de validade, eles são válidos apenas para os tempos da humanidade. Porém o amor permanecerá por toda a eternidade, para sempre.

O clone não faz algo com alegria porque ele é um profissional no sentido automático, como uma máquina. O mundo diz que para ter a alegria precisamos ter coisas como: Um computador novo, um carro novo, um apartamento ou uma posição de expressão. Muito diferente do que a Bíblia ensina.

O clone está sempre em guerra, ele não experimenta a paz, sempre pensa que há uma conspiração contra ele.

Muitas vezes o clone é bem-sucedido, porém sem identidade. O apelo em satisfazer o ego leva o clone a permitir ser extorquido e chantageado pelas suas necessidades pessoais e demandas da alma e principalmente da sua visão. Nós não temos que escolher um dos lados, ou o lado da satisfação das necessidades ou o lado da identidade, mas estar na vontade de Deus.

Você pode ser bem-sucedido e mesmo assim estar fora da vontade de Deus. Bem-sucedido para Deus foi quando Jesus carregou a cruz, e para você pode ser num determinado momento da sua vida carregar a cruz da adversidade. Não é sempre que bem-sucedido quer dizer notoriedade. Bem-sucedido é estar no centro da vontade de Deus. Isso é uma escolha e não uma obrigação. Deus suprirá todas as suas necessidades. Riqueza e ostentação não são necessidades de alguém que teve contato com Deus. Não estou falando que o ministro com identidade deve se conformar a miséria, a fome e a vergonha.

Não temos que ser movidos por uma visão e nem por propósitos, mas sim pelo amor. A visão e os propósitos são temas secundários. Deus nos amou e o seu propósito foi nos salvar. A Sua visão foi morrer na cruz. Estabeleceu suas metas e executou com sucesso perfeito.

Não passe os olhos no texto abaixo só porque já é muito conhecido. Eu anotei aqui porque Deus falará pessoalmente a você. *"Eu poderia falar todas as línguas que são faladas na terra e até no céu, mas, se não tivesse amor, as minhas palavras seriam como o som de um gongo ou como o barulho de um sino. Poderia ter o dom de anunciar mensagens de Deus, ter todo o conhecimento, entender todos os segredos e ter tanta fé, que até poderia tirar as montanhas do seu lugar, mas, se não tivesse amor, eu não seria nada. Poderia dar tudo o que tenho e até mesmo entregar o meu corpo para ser queimado, mas, se eu não tivesse amor, isso não me adiantaria nada. Quem ama é paciente e bondoso. Quem ama não é ciumento, nem orgulhoso, nem vaidoso. Quem ama não é grosseiro nem egoísta; não fica irritado, nem guarda mágoas. Quem ama não fica alegre quando alguém faz uma coisa errada, mas se alegra quando alguém faz o que é certo. Quem ama nunca desiste, porém suporta tudo com fé, esperança e paciência. O amor é eterno. Existem mensagens espirituais, porém elas durarão pouco. Existe o dom de falar em línguas estranhas, mas acabará logo. Existe o conhecimento, mas também terminará."* (1 Coríntios 13.1-8 - NTLH)

A Bíblia é uma carta de amor de Deus ao ser humano. O amor vem antes de tudo. A Bíblia diz que mesmo que eu me ofereça para morrer queimado sem amor de nada adiantaria. Por isso, meu irmão, que toda a estratégia e revelação estão em segundo plano na presença do amor.

O amor tem todas as características vitoriosas.

- Paciência
- Bondade
- Não é ciumento
- Não é orgulhoso
- Não é vaidoso
- Não é grosseiro
- Não é egoísta
- Não fica irritado
- Não guarda mágoas
- Se alegra na justiça
- Persistência
- Tolerância
- Acredita em fé
- Tudo espera

O clone só está interessado em si mesmo, em satisfazer sua vontade de chegar a um lugar ao sol. Ele não investe, mas quer receber investimento. Está programado para vencer independente do que precisa ser feito.

Quem ama investe na visão. Você já tocou com alguém que não se importa, ele é um perfeito artista na mais pejorativa forma da palavra. O amor é altruísta. O ministro que tem identidade se assemelha a Jesus Cristo, ele se doa a uma causa.

Se você investe algo na vida do ministro com identidade ele naturalmente enriquece a sua vida de muitas outras maneiras. Ele dá sentido ao seu ministério dando oportunidade de você se desenvolver ao lado dele. Só pelo simples fato de andar com um ministro com identidade você é abençoado.

O autocontrole é uma virtude esquecida nos relacionamentos. O relacionamento superficial pode ser observado quando um dos lados despreza o outro e considera sem importância se comportando inconvenientemente.

A teimosia não é uma virtude, mas uma singularidade do clone. Eu entendo que quando alguém insiste no erro ele pode ser considerado uma pessoa teimosa. E alguém que persiste em alcançar seu sonho é uma pessoa perseverante. Não se deve confundir isso, alguém muito perseverante e constante pode ser considerada uma pessoa teimosa. Isso porque nossa sociedade pós-moderna vê assim esta posição.

O mundo que aceita o divórcio, a homossexualidade, rejeita que os pais corrijam seus filhos não pode julgar a motivação e vocação de um ministro com identidade que persevera durante anos lutando pela sua visão.

Inclusive a igreja que está sendo influenciada negativamente pelo mudo começa a aceitar a troca de igreja como se troca de celular. O clone tem este espírito de quebra de aliança e trata este assunto como se fosse algo normal.

O espírito de competição também é uma particularidade do clone. Ele luta como se fosse uma batalha. A disputa por um lugar ao sol faz com que a atitude seja justificada pelo objetivo. Um clone chama de estratégia se aproximar e criar laços de afetividade entre seus contatos com o objetivo de agendar uma ministração. Lembre-se das regras da oportunidade. Os revezes da vida abrigam dentro deles um impulso contrário equivalente. Já ouviu sobre a lei da ação e reação? No mundo espiritual isso é potencializado pela lei que Jesus estabeleceu. A lei do investimento que pode chegar a um por trinta, um por sessenta e um por cem! "*Os que foram semeados em boa terra são aqueles que ouvem a palavra e a recebem, frutificando a trinta, a sessenta e a cem por um.*" (Marcos 4.20)

O amor é eterno.

Crescer e amadurecer:

- O que é mais fácil, pregar o amor ou viver o amor?
- Seu amor já foi posto à prova e o que aconteceu? Comente uma situação positiva e uma negativa.
- Em quais princípios se baseia o seu ministério?
- Quais características do amor você tem praticado no seu ministério pessoal e com quais você tem dificuldades?

- Qual o interesse principal do clone?
- Qual a relação entre as sementes e a colheita?

Transformar e influenciar

Durante a leitura e meditação o Espírito Santo lhe mostrou se há:

- algum pecado para confessar e abandonar?
- alguma promessa de que poderia tomar posse?
- alguma estratégia para adotar?
- alguma bênção que possa desfrutar?
- algum conceito que é preciso reavaliar?
- alguma falha a partir da qual se possa tirar lições?
- alguma vitória que deva alcançar?
- algum novo pensamento sobre o ministério que tem desenvolvido?
- alguma descoberta espiritual sobre Deus, o Senhor Jesus, o Espírito Santo, Satanás, o homem?
- alguma verdade que tenha tido grande influência sobre você?
- alguém que tenha que pedir ou liberar perdão?
- alguma nova postura de ministro com identidade?
- alguma atitude de clone que deva deixar?

11

A assinatura ministerial

A forma como lidamos com o ministério deixa diversas marcas como resultado. Existe certo padrão de ação que demonstra nossa personalidade. São traços decorrentes das atividades que exercemos e que torna detectável determinada participação de um indivíduo ou não. Isso é mais facilmente percebido na forma de tocar uma música.

Você pode saber quem está tocando um instrumento mesmo de olhos vendados, pois todo músico tem uma maneira singular de tocar os acordes. Este traço deixado é o que eu chamo de assinatura ministerial. Pode ser na forma de conduzir o grupo ou como administrar o ministério.

O lugar preferido de o diabo agir não é no louvor como muitas pessoas pensam. Seu intento é entrar nos relacionamentos. Ali ele tem um lugar cheio de oportunidades para trazer contenda, espírito de incredulidade, irritação, sensualidade, suspeita, indiferença, orgulho, prostração, maledicência, indignação e tudo mais que está ligado à personalidade.

Nós sabemos que músicos têm um temperamento forte, contudo o temperamento de Cristo é tudo o que precisamos. Quando nos convertemos esquecemo-nos de viver o temperamento de Cristo. Ele é manso e pró-ativo.

Eu não posso afirmar que isso são tipos de personalidades e que as pessoas devem engolir os meus tiques, manias e jeitão de ser. Os ataques de 'patricinhas' e de 'mauricinhos' devem ser tratados como pecado e deve-se pedir para a pessoa tratar seu temperamento insubmisso e rebelde a fim de que todos possam ser abençoados. Caso a pessoa se recuse a mudar tire-a do grupo. É melhor agir energicamente com este tipo de problema.

A sua assinatura ministerial revela a sua identidade. Clone ou um ministro com identidade?

Imagine uma estrada e que no seu final está a presença de Deus. Neste caminho conduzimos o nosso ministério de música. E durante o percurso deixamos nossa assinatura ministerial. Veja qual sua assinatura e o que ela revela.

Marque o item do ministro com a identidade de Cristo com caneta vermelha e com a caneta azul a que você pratica dia a dia. Medite nas alternativas do clone minuciosamente. As alternativas que indicam o valor espiritual e das atitudes corretas estão muito evidenciadas nos itens. Não necessita de gabarito indicando a escolha certa.

1. GUIANDO OS ADORADORES - O caminho da adoração que estou seguindo

1.1. Como você se prepara para ministrar?

a. ☐ Só quando estou a fim.

b. ☐ Quando não tem jogo de futebol ou outro, mas eu faço uma oração: - Senhor não deixe que eu chegue atrasado!

c. ☐ Eu oro quando chego à igreja: - Senhor, eu não preparei nada, mas mais uma vez, me salva!

d. ☐ Só quando eu vou ministrar, quando não, eu chego em cima da hora.

e. ☐ Passo o dia ou a semana com o pensamento no que vou fazer.

1.2. Como você se veste?

a. ☐ Vou sempre com a roupa limpa e passada.

b. ☐ Vou como dá, Deus olha o coração.

c. ☐ Gosto de me vestir semelhante a um Artista Gospel que vi no DVD.

d. ☐ Nunca dei importância para isso, há outras coisas para se importar.

e. ☐ Odeio quando chove, não dá para se vestir legal.

1.3. Seu instrumento?

a. ☐ Não tenho, é obrigação da igreja comprar.

b. ☐ Não tenho, mas estou me preparando para comprar um bom instrumento.

c. ☐ As cordas parecem com um cipó, os potenciômetros estão raspando, há mau contato no cabo ou Jack, as peles estão ressecadas, parafusos espanados, o microfone está com constante 'chulé de boca' ou outro defeito antigo.

d. ☐ Sempre peço emprestado o melhor instrumento para louvar a Deus.

e. ☐ Eu tenho que ter um?

1.4. Seu semblante?

a. ☐ Depende do meu senso de humor.

b. ☐ É sisudo, adoração é coisa séria.

c. ☐ Sorrindo como a propaganda da Colgate.

d. ☐ Semblante de Cristo.

e. ☐ Nunca pensei nisso, não acho importante.

1.5. Depois que ministrei o louvor.

a. ☐ Vou beber água e sento no fundão.

b. ☐ Procuro alguma pessoa do meu interesse para trocar ideias.

c. ☐ Pergunto para alguém como foi minha ministração.

d. ☐ Pego minha Bíblia e caderno de anotações e participo da Palavra como gostaria que participassem da minha ministração.

e. ☐ Faço de conta que tenho um compromisso e saio delicadamente.

1.6. Quando outros ministram.

a. ☐ Eu participo com a minha melhor 'coreografia de aflito'.

b. ☐ Fico observando se tem um ministro melhor do que eu, e faço pequenos comentários sobre a ministração, arranjos, roupas, som, repertório e tudo que não é da forma que eu penso.

c. ☐ Fico preocupado e distraído com os meus problemas pessoais.

d. ☐ Abro o meu coração para saber o que Deus tem para mim, posso também aprender muitas coisas e permitir que outro me leve no caminho da adoração.

e. ☐ Não me importa, eu não preciso, sei fazer melhor e dou uma saidinha na cantina ou para um bom papo.

1.7. Quando o culto, reunião ou evento tem poucas pessoas.

a. ☐ Não vejo a necessidade de muitos músicos.

b. ☐ Dou a oportunidade a um aprendiz para praticar um pouco do que aprendeu comigo.

c. ☐ Deus estará ali e eu também estarei.

d. ☐ Fico chateado porque tem poucas pessoas.

e. ☐ Ministro louvores mais antigos, os mais cantados e os mais fáceis.

1.8. Quando chega a hora da oferta

a. ☐ Não tenho dificuldades em ofertar e dizimar.

b. ☐ Não tenho dificuldades em dizimar, já a oferta não acho que seja importante.

c. ☐ Eu é que devo receber por estar tocando.

d. ☐ Fico fingindo e entrego um envelope vazio, ou uma 'tartaruga' (R$ 2,00) só para calar a consciência.

e. ☐ Fico incomodado, mas ainda não consegui obedecer.

2. URGÊNCIAS E PRIORIDADES - O que são as urgências e as prioridades? E as distrações?

2.1. Quando um levita da minha equipe, muito querido, está extremamente necessitado e me pede um socorro financeiro o que eu faço?

a. ☐ Eu empresto o meu dízimo, isso é uma urgência!

b. ☐ Eu sei que ele não paga então dou uma desculpa (minto) dizendo que não tenho.

c. ☐ Serei o "suporte" de que ele está precisando, desde que não prejudique minha vida financeira.

d. ☐ Dou R$ 20,00 e digo que é o que eu tenho e ajudo-o em oração, porque eu já sei que ele não vai conseguir me pagar depois.

e. ☐ Cada um com os seus problemas!

2.2. Quando recebo uma notícia de que um levita da minha equipe esta caindo na fé, o que faço?

a. ☐ Na primeira oportunidade comento com a turma para eles saberem da notícia.

b. ☐ Corro para o pastor ou líder.

c. ☐ Fico indignado e vou orar.

d. ☐ Vou atrás dele.

e. ☐ Cada um com os seus problemas.

2.3. Estou andando na rua e 'vejo' um levita da minha equipe, muito amigo e íntimo, numa situação de pecado, o que faço?

a. ☐ Oro e guardo o segredo.

b. ☐ Finjo que não vi.

c. ☐ Procuro depressa o meu líder para ele me aconselhar.

d. ☐ Aplico Mateus 18. Procuro um momento a sós e exorto a que, se ele não abandonar o pecado ou procurar ajuda e confessar o pecado em 'tanto' tempo, vou levar aquele assunto para o líder.

e. ☐ Quem não tem pecado que atire a primeira pedra, eu também posso cair então deixo pra lá.

2.4. É dezembro e recebo o 13º salário, o que faço com ele?

a. ☐ Preciso de cordas, baquetas, cabos novos, estojo para meu instrumento e de uns CDs novos de louvor, mas eu vi um lindo celular que faz *'isso, aquilo e aquilo outro'*, este que estou usando comprei em outubro e já está ultrapassado. Eu escolho trocar de celular.

b. ☐ O microfone da igreja que eu canto tem o som igual ao do verdureiro. *"Dona Maria, dona Maria... Traz a bacia que a mercadoria é boa!"*. Mas, preciso de uma bolsa da Vitor Hugo ou da Stilleto. Escolho a bolsa.

c. ☐ Vou dar o meu dízimo em primeiro lugar e só depois vou investir em mim os 90%.

d. ☐ Vou pôr na poupança.

e. ☐ Vou surpreender a Deus, vou tomar a iniciativa de trocar as cordas, um estojo novo, um microfone novo, peles novas, um prato novo ou um curso de música e também uma camisa ou um tênis novo.

2.5. No dia da reunião aparece um parente que não é crente e ele sabe que eu tenho esse compromisso naquele dia (domingo) bem na hora que estou saindo para ministrar, mas há outros ministros na casa de Deus o que eu faço?

a. ☐ Ligo para o celular do responsável e falo que houve um imprevisto.

b. ☐ Ligo e falo que chegou um parente que não é crente e que não fica bem deixar ele ali, e ainda comento no telefone com o líder do caso do Samaritano, do Levita e do Sacerdote.

c. ☐ Literalmente dou o 'cano'! Já fiz isso? Ainda faço?

d. ☐ Se meus parentes sabem do meu compromisso, eu os convido para irem comigo, caso eles não aceitem o convite eu peço licença, deixo a chave com eles e vou ao meu compromisso.

e. ☐ Se meus parentes não sabem do meu compromisso, eu os convido para irem comigo, caso eles não aceitem o convite, eu fico para fazer sala.

3. UNÇÃO - Definição.

3.1. Hoje é dia de ministrar o louvor, o que faço?

a. ☐ Uma ótima oportunidade para mostrar meu solo supersônico.

b. ☐ Deus preparou este momento para desbaratar a concorrência. Outros ministros que tocam ou cantam mais vezes do que eu.

c. ☐ Excelente ocasião para estrear minha bota nova, meu corte de cabelo, minha camisa colorida.

d. ☐ Faço o que continuamente sou.

e. ☐ Eu já decorei a ministração do David Quinlan, Daniel Souza, Ron Kenoly, Ana Paula Valadão, Hillsong ou outros, agora é hora de colocar em prática!

3.2. O conteúdo da minha ministração.

a. ☐ Imponho minha personalidade.

b. ☐ Não arrisco! Para ter sucesso e sempre ser chamado para ministrar, eu imito a ministração dos outros ministros de sucesso.

c. ☐ Procuro saber quais são os cânticos que agradam a igreja.

d. ☐ Faço uma lista igual ao último culto que foi glorioso.

e. ☐ Coloco em prática minha identidade ministerial e a mensagem que Deus quer transmitir naquela reunião.

3.3. Quando a igreja não reage a minha ministração o que faço?

a. ☐ Fico desmotivado e desmonto no altar.

b. ☐ Paro o louvor e '*sento a Bíblia*' neles.

c. ☐ Mudo a direção para cânticos animados e conhecidos.

d. ☐ Se eu tiver intimidade com o Espírito Santo e souber distinguir a Sua voz, eu pergunto a Ele o que está errado, então tomo a nova direção.

e. ☐ Continuo firme até a igreja me seguir.

3.4. Quando o ministro escolhe cânticos que eu não gosto de tocar ou cantar.

a. ☐ Faço cara feia.

b. ☐ Fico sério e faço a minha obrigação.

c. ☐ Falo que não gosto e obedeço.

d. ☐ Incentivo outros que não gostam a fazerem chocarrices da música.

e. ☐ Procuro ficar sensível, pois Deus pode usar aquela música para um só propósito... Moldar-me!

3.5. Se for contrabaixista, quando ministro, fico:

a. ☐ Pulando o tempo todo.

b. ☐ Em todas as deixas eu fico solando frases e mais frases.

c. ☐ Quero meus *sleeps* bem alto.

d. ☐ Sério, para mostrar que não estou fazendo esforço para tocar aquilo.

e. ☐ Eu tenho domínio. Procuro segurar a cozinha junto com o baterista.

3.6. Se for tecladista quando ministro, fico:

a. ☐ Fazendo laboratórios com os sons do teclado.

b. ☐ Encobrindo o contrabaixo com a mão esquerda.

c. ☐ Sério, para mostrar que não estou fazendo esforço para tocar aquilo.

d. ☐ Fico tampando os buracos que a banda deixa.

e. ☐ Faço a cama e a harmonia combinando com o todo da música.

3.7. Se for guitarrista quando ministro, fico:

a. ☐ Irritado quando me pedem só para seguir o arranjo.

b. ☐ Fazendo 'coreografia facial' quando faço meus incríveis *riffs*.

c. ☐ Sério, para mostrar que não estou fazendo esforço para tocar aquilo.

d. ☐ Fico praticando minhas escalas supersônicas.

e. ☐ Tenho domínio e deixo minha guitarra no contexto da música.

3.8. Se for back vocal quando ministro, fico:

a. ☐ Fazendo fraseados para abrilhantar o grupo.

b. ☐ Nervoso e saio da graça quando não me ouço no retorno.

c. ☐ Observando qual o melhor microfone e pego este para cantar.

d. ☐ Chateado quando me dão um toquinho de que minha voz está aparecendo demais.

e. ☐ Tenho domínio e contribuo com o ministro dando apoio a sua voz.

3.9. Se for baterista quando ministro, fico:

a. ☐ Aborrecido quando me pedem para tocar mais baixo ou quando falam: – Esta música não tem bateria!

b. ☐ Deslumbrado quando a "glória dos sons dos meus pratos" enche a casa de Deus.

c. ☐ Extasiado e para mim é o melhor momento do culto quando o ministro diz: "Só a bateria!"

d. ☐ Toda hora rodando as baquetas para mostrar minha habilidade e em toda música dou o último toque com o surdo e no bumbo.

e. ☐ Tenho domínio e toco usando a dinâmica exigida para meu instrumento.

3.10. Se violonista quando ministro, fico:

a. ☐ Chateado quando os outros instrumentos me encobrem.

b. ☐ Com cara feia quando me pedem para fazer a vez de violão, só acompanhando.

c. ☐ Sério, para mostrar que não estou fazendo esforço para tocar as 'aranhas'.

d. ☐ Fico trocando os acordes cifrados pelo ministro pelos de 7M, 9add etc.

e. ☐ Tenho domínio tocando com graça dentro do que foi proposto pelo dirigente.

3.11. Se for o ministro de louvor quando ministro, fico:

a. ☐ Fazendo *cover* dos ministros que são as minhas referências.

b. ☐ Fazendo floreios e vozes sem fim e a igreja não consegue distinguir e encontrar a melodia do cântico.

c. ☐ Cantando o que não vivo.

d. ☐ Fico falando entre as músicas das grandes descobertas teológicas que fiz lendo a Bíblia.

e. ☐ Tenho domínio, levo os adoradores onde eu mesmo já estive por várias vezes e não erro o caminho.

3.12. Se for outro instrumento, fico:

(Coloque nas alternativas as situações que você gostaria que constassem aqui)

a. ☐

b. ☐

c. ☐

d. ☐

e. ☐ Tenho domínio e não faço nada para desfazer o que foi previamente combinado com os membros da equipe.

4. SAINDO - Para ministrar em show ou seminário.

4.1. Assim que recebo o convite:

a. ☐ Procuro saber se Deus quer que eu esteja ali.

b. ☐ Procuro saber se o cachê vale o esforço.

c. ☐ Não confirmo a data para ver se recebo outro convite que seja melhor.

d. ☐ Pergunto quantas pessoas estarão no evento.

4.2. Caso não tenha transporte para minha esposa ou namorada eu:

a. ☐ Digo que só irei se minha esposa ou namorada forem.

b. ☐ Se ela não ficar aborrecida com isso eu não falarei nada.

c. ☐ Tentarei uma forma de levá-la.

d. ☐ Aceito prontamente.

4.3. Se eu tiver uma criança de colo eu:

a. ☐ Levo e peço para qualquer pessoa cuidar enquanto ministro.

b. ☐ Agendo alguém para cuidar na minha casa enquanto viajo.

c. ☐ Se não puder levar não vou.

d. ☐ É obrigação de quem me convida providenciar quem cuide.

4.4. Se o convite feito é somente para o solista do grupo eu:

a. ☐ Fico decepcionado me sentindo rejeitado.

b. ☐ Fico pensando que não deveria aceitar, pois somos um grupo.

c. ☐ Sou parte da visão mesmo não viajando.

d. ☐ Digo para ele não aceitar. Ou vão todos ou não vai ninguém.

4.5. Qual a minha atitude se na hora do lanche:

a. ☐ Tiver hot-dog eu peço pizza.

b. ☐ Tiver pizza eu peço hot-dog.

c. ☐ Tiver sopa eu não tomo.

d. ☐ Estou pronto para me adaptar ao algo inesperado sem reclamar.
e. ☐ Tiver algo que não gosto eu faço questão de demonstrar isso.

4.6. Se ao chegar o transporte notar que não caberá todos por falta de lugar eu:
a. ☐ Peço para providenciar outro transporte insistentemente.
b. ☐ Acho isso inaceitável e fico reclamando e volto para casa.
c. ☐ Ofereço o meu lugar humildemente.
d. ☐ Digo que está tudo bem e finjo compreensão.

4.7. Minha opinião é que:
a. ☐ A minha bagagem deve ser tratada com exclusividade.
b. ☐ Não devo ficar com o pior acento.
c. ☐ Enquanto viajamos espero que alguém me ajude a pagar meu lanche.
d. ☐ Estou pronto para me adaptar a algo inesperado sem reclamar.

4.8. Quando viajo para ministrar eu:
a. ☐ Coloco a roupa que eu quiser.
b. ☐ Procuro me destacar me diferenciando do grupo.
c. ☐ Incomoda-me o uniforme.
d. ☐ Não troco de roupa se o ministro pedir.
e. ☐ Eu quero me vestir da forma adequada que a visão exige.

4.9. Caso me chamem a atenção por uma brincadeira inconveniente, eu:

a. ☐ Brinco mais um pouco para não parar de uma vez e ficar sem graça.

b. ☐ Paro imediatamente e digo humildemente que não repetirei o inconveniente.

c. ☐ Não me incomodo e continuo sendo inconveniente.

d. ☐ Fico indignado por ter sido repreendido.

4.10. Todos devem:

a. ☐ Compreender que sou assim mesmo.

b. ☐ Aceitar meus bicos.

c. ☐ Aceitar minhas brincadeiras, mas não brincar comigo.

d. ☐ Entender meus atrasos.

e. ☐ Engolir minhas manias.

f. ☐ Acatar minhas opiniões.

g. ☐ Respeitar meus momentos de 'patricinha'.

h. ☐ Respeitar meus momentos de 'mauricinho'.

i. ☐ Sujeitar-se à forma com que eu penso.

j. ☐ Esforçar-se para me agradar.

k. ☐ Entender que sou mimado.

l. ☐ Aceitar que sou espaçoso e folgado.

m. ☐ Respeitar minhas decisões.

n. ☐ Podem contar com meu esforço e colaboração para que tudo possa ocorrer no padrão da visão do grupo.

Todos devem se esforçar para que o ambiente seja preservado de atitudes que venham a criar um incômodo para a coletividade. Todos podem exortar um indivíduo que esteja se descontrolando e saindo do padrão de ordem.

Lembre-se que o ministro com identidade representa uma visão. A sua posição é representativa. Quando as pessoas olham para um do grupo veem todo o grupo representado naquela pessoa. Independente de que ela seja o líder ou o staff.

O clone valoriza somente a sua posição e desconsidera a homogeneidade comportamental. E para salvaguardar todo um trabalho é melhor pensar assim: **Nem o meu, nem o seu, mas o nosso!**

Crescer e amadurecer

- Liste quais atitudes você precisa melhorar em relação a assinatura do seu ministério pessoal:
- Estou com uma posição positiva exercendo o ministério de conduzir o louvor?
- Valorizo as urgências ou as oportunidades?
- Distraio-me facilmente ou tenho me mostrado vigilante no meu ministério pessoal?
- Qual a definição de unção e como isso tem se refletido no meu ministério pessoal?
- Como estou preparado para mostrar o padrão e contribuir para ministrar em seminário ou show com meu ministério pessoal?

- Sou uma pessoa de fácil ou difícil de se relacionar?
- Eu penso e ajo como um ministro com identidade ou como um clone?

Transformar e influenciar

Durante a leitura e meditação o Espírito Santo lhe mostrou se há:

- algum pecado para confessar e abandonar?
- alguma promessa de que poderia tomar posse?
- alguma estratégia para adotar?
- alguma bênção que possa desfrutar?
- algum conceito que é preciso reavaliar?
- alguma falha a partir da qual se possa tirar lições?
- alguma vitória que deva alcançar?
- algum novo pensamento sobre o ministério que tem desenvolvido?
- alguma descoberta espiritual sobre Deus, o Senhor Jesus, o Espírito Santo, Satanás, o homem?
- alguma verdade que tenha tido grande influência sobre você?
- alguém que tenha que pedir ou liberar perdão?
- alguma nova postura de ministro com identidade?
- alguma atitude de clone que deva deixar?

12

Nível de revelação pessoal

Um clone não tem uma revelação pessoal pioneira. Seu nome já diz que ele é a imagem de uma visão, mas não da sua visão. Ele é muito competitivo e age com rivalidade quando sente a hostilidade e com doçura para se adaptar ao ambiente singelo. Na sua mente a frase 'somar para multiplicar' tem um único sentido de beneficiá-lo. Somar e multiplicar desde que ele seja aquele que estará em evidência.

O ministro deseja viver para que o reino de Deus seja estabelecido. O sucesso é a consequência secundária do seu trabalho e empenho. E ele espera que isso venha, porque é uma promessa de Deus para aqueles que semeiam sementes específicas. Isso vem de uma revelação no nível pessoal, e que acaba se estendendo para outros níveis de chamado geral.

Leia na palavra o que é nível de revelação pessoal.

Só eu, Daniel, tive aquela visão; os homens que estavam comigo nada viram; não obstante, caiu sobre eles grande temor, e fugiram e se esconderam.

"Só eu, Daniel, tive aquela visão". (Daniel 10.7)

Existem coisas que Deus revela para todos e pode ser simplesmente chamada de "Missão Geral". A salvação é para todos. Embora nem todos venham a ser salvos. Os dons espirituais são para toda a igreja. O amor de Deus é endereçado a todos as criaturas.

O chamado geral conhecido como a 'grande comissão' está nos textos de Marcos 16.15 e Mateus 29.19-20. É conhecido como 'Ide de Jesus'. Lendo os dois textos, notamos a ideia principal como *"ide e pregai o evangelho a toda criatura"*. Dentro desta ideia principal do "ide" existe o *"fazei discípulos"*, *"batizando"* e *"ensinando"*. E também a condicional: *"quem crer será salvo."*

Existem coisas que Deus revela para poucos: e eu chamo de "Missão exclusiva". Não é missão impulsiva!

Veja nas histórias do Antigo Testamento que a destruição de Sodoma Deus revelou para quem poderia interceder e não para quem ficaria vendo o fogo cair. Quantas pessoas ficam enciumadas e agressivas quando Deus revela algo a uma pessoa que é julgada não merecedora de ter uma revelação de Deus? A resposta pode estar no fato de que Deus revela para quem vai fazer algo relacionado com aquela revelação.

Maria Madalena foi a primeira mulher a ver Jesus ressurreto, porque ela teria coragem de anunciar o que nenhum discípulo acreditaria naquela altura e nem coragem para falar, mesmo sabendo de tudo. "*Eram Maria Madalena, Joana e Maria, mãe de Tiago; também as demais que estavam com elas confirmaram estas coisas aos apóstolos. Tais palavras lhes pareciam um como delírio, e não acreditaram nelas.*" (Lucas 24.10-11). Tantas mulheres havia na Galileia, porém somente Maria tinha força e foco para enfrentar a discriminação do povo e fibra para encarar as dificuldades de ser mãe sem ter relações sexuais.

O que uma revelação 'faz' e 'não faz':

- A revelação nunca fará você ir contra a autoridade da sua vida, pois ela é ministro de Deus.
- A revelação é para maturidade e não para ficar orgulhoso.
- A revelação é para ação e não informação. Ela não é uma revista de fofoca.
- A revelação tem validade, tem prazo para obediência.
- A revelação não elucida casos e situações, a sua função é mostrar o que é para fazer. Não conseguimos compreender a mente de Deus. (É aí que o diabo nos pega, no raciocínio espiritual, nós pensamos entender alguma coisa de Deus. Entender e compreender é diferente de 'conhecer' – A Bíblia não diz sigamos e prossigamos em 'entender' a Deus)
- A revelação provoca 'entendimento' e não a 'dedução' – entendimento aqui é saber o que fazer e

não a compreensão e elucidação universal e absoluta do tipo 'eu sei de tudo'.

Quem não obedece à ordem implícita na revelação tornar-se réu de juízo. Deus espera tanto que prosperemos (Favor de Deus) como que lhe obedeçamos. A missão geral é branda e dilatada, há pouca severidade, mas há! A missão exclusiva é intransferível, não há opção, ela traz o duro juízo. Quanto mais conhecimento maior o juízo.

Deus revela a 'missão geral', contudo poucos atentam para estas revelações e que são muito claras. Se não conseguem reagir à missão geral que é branda, quanto mais a 'missão exclusiva' que é para poucos. Esta missão pessoal é pouco observada, porque demanda a morte do 'Eu'.

O diabo buscará em cada oportunidade tirar proveito ao seu favor a fim de distorcer a imagem da revelação. Podendo lançar mão do relacionamento, carências, necessidades, dúvidas, apetites descontrolados, orgulho, dores não tratadas etc. É jogo sujo e não há regras.

Caso falte revelação é porque falta intimidade. O salmo 25.14 diz que *"A intimidade do Senhor é para aqueles que o temem"*. Para se aproximar de Deus deve se afastar de algumas coisas. Daniel se afastou da carne, por isso Deus não passou despercebido dele. Moisés entrou na fenda e viu toda a bondade de Deus. Davi tinha ousadia e dependia de Deus e por isso foi chamado de um homem segundo o coração de Deus mesmo sem ter se tornado rei.

Todos nós temos um propósito específico. Ninguém que Deus traz à vida é insignificante. Noé, Abraão, Davi e muitos outros de outras épocas e também nos dias de hoje, cumpriram e ainda estão cumprindo o seu propósito na sua geração. *"Na verdade, Davi, no seu tempo, cumpriu os planos de Deus..."* (Atos 13.36).

Deus revelou o futuro de Davi muitos antes de ele ter feito qualquer ato que merecesse esse elogio de ser considerado um homem segundo o coração de Deus. Deus revela o futuro para aquele que tem identidade de Cristo em sua vida. O clone procura realizar a sua própria visão, aquela que ele teve em um lampejo e decidiu seguir. A visão de Deus é o que o ministro pode "ser" e "fazer". O músico com identidade se coloca nas mãos de Deus para realizar a 'visão' de Deus.

O apóstolo Paulo foi um homem que teve várias visões literais, por exemplo: *"À noite, sobreveio a Paulo uma visão na qual um varão macedônio estava em pé e lhe rogava, dizendo: Passa à Macedônia e ajuda-nos. Assim que teve a visão, imediatamente, procuramos partir para aquele destino, concluindo que Deus nos havia chamado para lhes anunciar o evangelho"* (Atos 16.9-10).

E mesmo nesta visão literal observe que está presente o fator 'imagem' revelando o que Paulo teria como missão a cumprir. Isso é prova contundente de que uma visão é uma revelação do que Paulo podia ser e fazer para Deus. *"Pelo que, ó rei Agripa, não fui desobediente à visão celestial."* Até para os ímpios o apóstolo Paulo declarava qual era a sua 'visão ministerial' e que para ele esta era a única razão da sua vida (Atos 26.19).

Quando Moisés defendeu as filhas de Jetro deve ter falado pouco de si mesmo ou de sua história ou de quem ele era, ou melhor, deixou de ser. Ele não contou no primeiro encontro com os moradores daquela terra que ele era um fugitivo assassino.

"O sacerdote de Midiã tinha sete filhas, as quais vieram a tirar água e encheram os bebedouros para dar de beber ao rebanho de seu pai. Então, vieram os pastores e as enxotaram dali; Moisés, porém, se levantou, e as defendeu, e deu de beber ao rebanho. Tendo elas voltado a Reuel, seu pai, este lhes perguntou: Por que viestes, hoje, mais cedo? Responderam elas: Um egípcio nos livrou das mãos dos pastores, e ainda nos tirou água, e deu de beber ao rebanho. E onde está ele?, disse às filhas; por que deixastes lá o homem? Chamai-o para que coma pão." (Êxodo 2.16-20)

Entretanto observe que ao serem indagadas pelo pai, as filhas de Jetro contaram o diálogo que elas e Moisés tiveram no poço e também tudo o que havia acontecido por lá. Ao saber de como Moisés as defendeu ele perguntou: *"E onde está ele?"*

O que isso me revela? Que Moisés não deseja mais ser popular. Moisés desistiu de fazer propaganda da sua imagem. Não era uma boa ideia fazer a divulgação de sua nova imagem, a imagem que ele criou ao matar e fugir. Após atravessar um deserto ele não estava cheiroso, com a barba feita e com vestes com colorido limpo e vivo. Seu cabelo deveria parecer aqueles nós de rastafári.

Outra revelação deste texto é que Moisés não deve ter dito para elas: "Olha meu nome é Moisés, vocês sabem como se escreve? Não vão se esquecer do que eu fiz, hein?". Se fosse um clone não perderia a oportunidade de deixar um cartão e incomodá-las para agendar uma visita na tenda de Jetro para exibir outras habilidades. E quem sabe sair com uma ofertinha de lá.

Responda a uma pergunta: Você está disposto a apenas ser o fígado ou o pâncreas do corpo? Se você for muito habilidoso quem sabe lhe ofereçam a função de esôfago? Moisés agora está receptivo para aceitar qualquer função. Ele gostaria muito de ser apenas servo.

Agora Moisés está pronto para levar a sua vida longe dos refletores. E você? Está esperando que Deus desfira um golpe para quebrar o desejo de ver seu nome nos sites, revistas e TV? Se você desistir de querer evidenciar o seu nome, os seus talentos e renunciar a vontade de ser uma celebridade, de ser reconhecido e famoso. Quem sabe Deus coloque você em evidência. Talvez!

A última parte do corpo que o clone desejaria ser é o fígado, ou talvez, a rótula do joelho, ou o tutano do osso. Por quê? A resposta é: Porque essas partes tão importantes do corpo não estão em evidência. Dificilmente um clone aceitaria ser apenas parte do corpo. Em seu discurso ele afirma isso, ele prega isso, contudo se for pedido que apenas participe de um projeto e ele perceber que não vai estar em evidência, na primeira oportunidade ele dará adeus e irá embora se não estiver a frente das luzes.

Para o ministro com identidade ser famoso ou reconhecido não faz diferença para ele. Ele apenas quer estar disponível para ser usado por Deus. Para o clone, ser famoso é a visão principal.

Meus filhos são muito inquietos, quando apenas um fica em casa, tudo fica tranquilo e sereno. Mas se os dois estão juntos brincando eles agitam e abalam as estruturas da casa. Acredito que a maioria dos casais que possuem dois filhos vibrantes, sabe do que estou falando. E assim que o agito começa logo dizemos para ele ficarem 'invisíveis'. Ou seja, brinquem de forma que pareça que vocês não estão presentes.

Se o líder disser a um clone: "Você vai ficar 'invisível' até ser tratado tudo o que precisa ser tratado". Isso seria a morte para ele. Um clone não aceitaria ser o rim do corpo, porque o rim está escondido. Atuar como um membro sem evidência é impensável, inconcebível, inaceitável, inoportuno e impróprio. Para ele seria um desperdício de talento trabalhando debaixo da pele do corpo. A única referência que ele deseja ser são aquelas que estão em evidência.

Uma pessoa que não sabe sua identidade só sabe fazer propaganda da sua visão, negocia e vende. Ele está pronto para tudo, manipula a visão, faz concessões e pode trocar por outra se lhe parecer conveniente. Facilmente coloca limites para servir a Deus. Sendo desafiada a ir além, a pessoa sem identidade apresenta argumentos para justificar sua posição. Quando não consegue sair de forma elegante, a pressão do confronto a faz ter uma atitude indiferente ou agressiva, abandonando o posto que ocupava.

O ministro com identidade aceita ser a Boca, Estômago ou o Fêmur do Corpo. O que importa é fazer parte da visão. Para ele o mais importante é que Cristo fique em total evidência. Ele aceita trabalhar invisível. Mas Deus não permite que um ministro com identidade fique sem honra, pois ele é um padrão para todos do Corpo.

Crescer e amadurecer:

- Como você analisa o seu ministério em relação a cânticos novos, renovação da unção, crescimento ministerial pessoal?
- O que é importante para você no ministério?
- O que é importante para um clone no ministério?
- Você tem uma revelação geral ou exclusiva e como você tem desenvolvido?
- Fazendo o que faz hoje você está cumprindo o plano de Deus para sua vida no seu tempo?
- Você verdadeiramente aceitaria estar em menor evidência?
- O quanto a visão que Deus deu a você é importante?
- Até onde você está disposto a ir para cumprir a visão de Deus na sua vida?

Transformar e influenciar

Durante a leitura e meditação o Espírito Santo lhe mostrou se há:

- algum pecado para confessar e abandonar?
- alguma promessa de que poderia tomar posse?
- alguma estratégia para adotar?
- alguma bênção que possa desfrutar?
- algum conceito que é preciso reavaliar?
- alguma falha a partir da qual se possa tirar lições?
- alguma vitória que deva alcançar?
- algum novo pensamento sobre o ministério que tem desenvolvido?

- alguma descoberta espiritual sobre Deus, o Senhor Jesus, o Espírito Santo, Satanás, o homem?
- alguma verdade que tenha tido grande influência sobre você?
- alguém que tenha que pedir ou liberar perdão?
- alguma nova postura de ministro com identidade?
- alguma atitude de clone que deva deixar?

Conclusão

Espero que esta leitura motive você a desenvolver sua identidade, qualidades, as aptidões e que você seja o que Deus tem para você. Deus possui uma expectativa em relação a sua vida e isso não pode ser frustrado, porém muito disso vai depender da sua postura. Será preciso disposição para mudar, não se trata de ser uma pessoa que você não é, mas descobrir quem você é em Cristo e para o seu Reino.

Ainda hoje se faz testes de aptidão e dons, e neles há a conclusão ou resultado de porcentagem sobre cada perfil. Eu já fiz alguns testes na minha adolescência, e eles não erraram muito, mas pode ser que o resultado não mostre claramente o caminho a seguir. Por isso, fique atento às coisas que você se identifica e que tenha habilidade. Pode ser que você se identifique com a música e tenha uma grande biblioteca de músicas e saiba da história de cada época. Porém você não tem desenvoltura de tocar um instrumento ou cantar. Não fique frustrado por causa disso, pense por um momento onde e como poderia usar essa habilidade com coisas 'didáticas', porque você tem uma facilidade com a parte organizacional.

Isso não significa que você vai trabalhar com música, entretanto você pode saber melhor como pôr as coisas em cronologia. Não precisa desistir do sonho de tocar, você não vai deixar essa inquietação prostrá-lo por não conseguir tocar ou cantar. Desenvolver sua identidade é muito mais simples do que pode parecer. Vou dar um exemplo: eu escrevo livros, já escrevi vários, mas tenho um pouco de dificuldades em pregar, se você me ouvir vai dizer que sou razoável, porém eu não me vejo habilidoso. Esta minha opinião é baseada na dificuldade pessoal em lembrar detalhadamente o que escrevo no momento de pregar. Também sou músico e me sinto muito seguro quando estou tocando e cantando, diferente de quando estou pregando. No meu ministério desenvolvo a música e a palavra e ainda me sinto limitado em ambos. Continuo firme no meu propósito de desenvolver a cada dia minhas características e convicções.

Agora que tenho quarenta e sete anos fica muito fácil saber sobre a minha identidade e o que eu quero, porque já faço isso há trinta e quatro anos. Talvez não seja fácil para você entender, pois o que gostaria de fazer você não tem muita habilidade, e o que você faz com muita facilidade não gostaria de ocupar a sua vida realizando.

É uma controvérsia muito comum, o gosto pessoal com a habilidade. Isso se agrava se você já se encontra frustrado com sua profissão. Sabemos que profissão é o que você tem por formação, e ocupação é o que você realiza. Há muita gente que tem por profissão analista de sistemas, mas trabalha com venda de suplemento alimentar. Outros têm por formação ou profissão administrador de empresas, contudo sua ocupação é fazer artesanato. Coisas opostas, o conflito entre profissão e a ocupação, são corriqueiras. Antigamente não se importava muito com o que se gosta de fazer, ou a satisfação e bem-estar em escolher o que se vai fazer a vida toda. O que valia era a aptidão e não o que se sente bem.

Você por certo conhece muita gente que gostaria de ser músico, todavia é médico, e outro que sonhou ser médico, contudo é pastor. Outro que é dançarino, mas adoraria ser físico. Há aquele que é advogado, porém desejava ser chefe de cozinha. São tantos casos que não dá para enumerar, são incontáveis. Descobrir a identidade não é difícil, tarefa complexa é deixar o vício já desenvolvido de ser alguém que não é, mas que gostaria de ser. Realmente deixar o personagem que já se habituou representar será como uma luta entre leões. A tentativa de ser alguém que exageradamente admira ou fazer algo que não tem domínio pode ser também um escape de outras frustrações e de desilusões que teve no passado. Espero que você compreenda que imitar não é perder sua identidade, imitar é desenvolver as mesmas boas qualidades e boas atitudes de quem você admira ou discipula. *"Sede meus imitadores, como também eu sou de Cristo"* (1 Coríntios 11.1).

Há alguns pastores e missionários que não conseguiram se manter num emprego, ou nunca estudaram uma profissão e por conveniência engajaram-se na carreira ministerial. O argumento que apresentam é que Deus fechou todas as portas e por isso estão no ministério. Mas não se mantém firmes e constantes nele, e por isso concluímos que é uma deficiência de caráter e que não foi o chamado de Deus.

É notório que há aqueles testemunhos verdadeiros em que Deus fechou as portas de emprego secular para levá-los à obra do Senhor. No meu caso eu já trabalhava há 12 anos com eletrônica e tinha minha própria empresa que provia meu sustento; contudo chegou um momento que precisava tomar uma decisão. Ou me dedicava ao ministério obedecendo ao chamado da forma que entendia que deveria ser, ou seguia minha vida na eletrônica. Eu amava o que fazia, tinha habilidade, mas também tinha certa habilidade com música. Procurei meu pastor na época, contudo ele não pôde me ajudar. Eu perguntei o que deveria fazer, mas ele não teve resposta, apenas me deu uma palavra clichê; aquelas que ele dava no modo geral de resolver algo que não sabia o que fazer. Interessante foi que eu soube o caminho quando percebi que não houve uma palavra de direção vinda do homem. Decidi obedecer ao chamado de Deus e por opção própria fechei minha empresa. Será que ouvi você perguntar: "E o sustento veio de onde?". Caro leitor, minha esposa me apoiou, nós apertamos o cinto e Deus nunca nos deixou na mão! O homem, como sempre, falha em suas propostas, promessas e planos, pois é infiel, porém Deus em cada momento foi nos amparando. *"Fui moço e já, agora, sou velho, porém jamais vi o justo desamparado, nem a sua descendência a mendigar o pão."* (Salmo 37.25) Não podemos recuar quando ouvimos o chamado de Deus, sua voz é definida, e seus sinais também, não dá para confundir. É humano sentir medo, repensar, pedir confirmação, entretanto uma vez que você colocou a mão no arado não volte atrás. A não ser que seja um recuo estratégico.

Eu quero narrar a você algo que me deixa muito triste, um acontecimento extremamente comum na igreja de hoje. É horrível ministrar louvor em uma igreja e após tocar minhas as canções o pastor se aproxima e pergunta se eu não sei tocar outras músicas conhecidas. Eu me reviro por dentro! É o mesmo que chamar o Daniel Souza ou o Adhemar de Campos para ministrar o louvor e depois que eles cantarem suas canções perguntar se eles nãos sabem canções mais conhecidas, como as da Cassiane ou Hillsong United. Se Jesus estivesse no meu lugar tenho a impressão que responderia com uma pergunta: "Eu tenho cara de '*junkie box*'?!" É muito provável que Jesus causaria este impacto. (O '*junkie box*' é um aparelho que você coloca uma moeda e aperta um botão da música que se deseja ouvir.)

Vamos inverter os lados? E seu eu chamasse um pastor para pregar na minha igreja e após a pregação perguntar: "Pastor! Foi uma bênção a sua ministração, mas você não sabe fazer uma pregação do Ed René Kivitz ou do Jonh Piper? Essa que você fez ninguém conhece!"

Fico profundamente entristecido quando vou ministrar em uma igreja e as pessoas só reagem se tocarmos uma música da moda. As mentes estão condicionadas em responder somente a um tipo de música. Eu chamo isso de 'mente condicionada coletiva'. Acredito que o Espírito Santo também fica entristecido quando Ele quer levar a igreja a cantar gratidão pela presença de Deus e a igreja só reage com canções de vingança e que fale de riqueza material. O Espírito Santo fica triste sim, quando deseja inspirar a igreja a levantar uma adoração inteligente com uma letra rebuscada que transmita as qualidades de Deus, mas a igreja só quer cantar palavras repetidas que parecem mantras de seitas orientais.

Será difícil mudar isso, a igreja atual está abarrotada de gente que não sabe sua identidade. E o pior, essa gente é ensinada na superficialidade tanto do conhecimento bíblico como no musical. A igreja apenas consome um produto de massa sem 'bereiar' a proposta (Esta palavra 'bereiar' não existe, eu inventei um 'verbo', com referência a igreja de Bereia, de Atos 17.11). Lá eles examinavam tudo o que Paulo pregava. Examinar é investigar, estudar para saber o que há em cada palavra. Precisamos ainda aprender cantar também nossa própria teologia. E também de sabedoria de como lidar melhor com esse consumo negativo de toda esta feira de negócio chamada mundo 'gospel'. Nem tudo que tem o nome de 'gospel' vem do céu. É bom cantar algumas canções que inspiram nossa fé, a mordomia, ao amor, que nos ensine e nos amadureça. Principalmente se essas canções vêm das verdades que a igreja está vivendo com Deus.

Este livro vai ajudá-lo a vencer um inimigo muito poderoso, é uma doença espiritual e cultural que deixa milhares de ministros paralíticos, aleijados e dependentes. Além de proporcionar a oportunidade aos novos ministros que estão iniciando sua carreira ministerial.

Há um propósito de este livro chegar às suas mãos, sim existe um motivo! Deus quer usar a sua coragem e identidade, agora começa uma reforma. Uma reforma muito bem-vinda. Haverá oposição, haverá dores, haverá mudanças, mas também haverá um nascimento. O nascimento de uma geração de ministros com identidade e que realizará o propósito de Deus neste tempo. Outros ministros com identidade nos deixaram um legado, devemos imitar a fé desenvolvendo nossas qualidades. Vamos lá, não é impossível! Num primeiro momento você pode se sentir sem equilíbrio assim que largar essas muletas, você seguirá tateando, buscando aonde se apoiar até que começará a se equilibrar somente na Rocha.

Jesus pediu aos discípulos que falassem sobre a Sua identidade; muitas pessoas diziam que Jesus era um profeta conhecido como Elias outros diziam que Jesus era Jeremias. Isso se repete hoje, a igreja não sabe discernir quem são as pessoas que ministram ao seu coração, pois o que elas querem é apenas receber, receber e receber! Mesmo assim não sabem o que recebem.

No caso de Jesus, os judeus pensavam que era a repetição de um movimento de profetas que já aconteceu em Israel no passado. O povo não se importava com a identidade do Filho de Homem. *"Jesus foi para a região que fica perto da cidade de Cesareia de Filipe. Ali perguntou aos discípulos: —Quem o povo diz que o Filho do Homem é? Eles responderam: —Alguns dizem que o senhor é João Batista; outros, que é Elias; e outros, que é Jeremias ou algum outro profeta."* (Mateus 13-14. NTLH).

Jesus não começou o debate porque tinha dúvidas de quem ele era, mas sim para nos ensinar que a nossa identidade é única. Não é uma repetição do passado. *"— E vocês? Quem vocês dizem que eu sou? — perguntou Jesus. Simão Pedro respondeu: — O senhor é o Messias, o Filho do Deus vivo. Jesus afirmou: —Simão, filho de João, você é feliz porque esta verdade não foi revelada a você por nenhum ser humano, mas veio diretamente do meu Pai, que está no céu."* (Mateus 15-17 NTLH). Claramente notamos que Pedro sabia a identidade de Jesus Cristo. Embora aquele povo não tivesse essa clareza, aquele que andava perto de Jesus tinha, Pedro conhecia a Cristo. *"— O senhor é o Messias, o Filho do Deus vivo!"*.

Eu sei que irei a lugares que as pessoas não sabem quem sou, porém aqueles que andam perto de Cristo sabem de onde vem a minha identidade. Jesus não abandonou o povo porque pensavam que Jesus era outra pessoa. Talvez o povo esperasse ouvir de Jesus a reprodução de uma pregação de Jeremias, ou a reprodução de uma música semelhante à de Habacuque, pois eles diziam que Jesus poderia ser qualquer outro profeta.

O mesmo pode acontecer com você e com o seu ministério, podem confundi-lo com outra pessoa ou as circunstâncias, levá-lo a se tornar o clone de alguém, infelizmente o povo deseja apenas uma reprodução, porém não os abandone e não desista da identidade que Deus te deu. Aqueles que andam com Cristo sabem discernir quem você é, e também quem foi que te enviou. Vamos mudar isso na igreja? É excêntrico, estranho e pode parecer bizarro, ou difícil, contudo é o que a Bíblia nos ensina. Deus tem um lugar ao sol para você, mas para isso acontecer, desenvolva a sua identidade!